像高手一样沟通

五种重要人物关系的沟通之道

陈亮嘴　编著

机械工业出版社
CHINA MACHINE PRESS

沟通就是口才好，能说会道吗？
沟通就是倾听和赞美吗？
向领导汇报工作时，如何沟通？
下属执行力不够，如何沟通？
窗口服务人员，遇到找碴儿的顾客，如何沟通？
沟通就是职场的日常，不懂沟通、不会沟通，你可能会在工作中处处碰壁、举步维艰。本书从职场沟通的误区、职场中常见的沟通模型、如何与领导沟通、如何与下属沟通等七个方面，让读者正确认识职场沟通，学会在不同的场景中与职场中的各种角色有效沟通。全书实用的沟通模板和技巧、丰富的对话情境、真实的沟通案例，能够帮助读者快速掌握沟通的主导权，达到高效沟通的效果。

图书在版编目（CIP）数据
像高手一样沟通：五种重要人物关系的沟通之道 / 陈亮嘴编著. -- 北京：机械工业出版社，2025. 4.
ISBN 978-7-111-77771-7
Ⅰ. C912. 11-49
中国国家版本馆CIP数据核字第2025NC4263号

机械工业出版社（北京市百万庄大街22号　邮政编码100037）
策划编辑：邵鹤丽　　　　责任编辑：邵鹤丽　张　辉
责任校对：龚思文　张　征　　责任印制：任维东
河北鑫兆源印刷有限公司印刷
2025年4月第1版第1次印刷
145mm × 210mm · 6.5印张 · 98千字
标准书号：ISBN 978-7-111-77771-7
定价：49.80元

电话服务　　　　　　　　网络服务
客服电话：010-88361066　　机　工　官　网：www. cmpbook. com
　　　　　010-88379833　　机　工　官　博：weibo. com/cmp1952
　　　　　010-68326294　　金　　书　　网：www. golden-book. com
封底无防伪标均为盗版　　机工教育服务网：www. cmpedu. com

序　言

你有没有想过，在职场上，哪类人最吃香、最“值钱”？

这是一个既简单又经典的问题。很多人的答案可能是：高效专业的人、踏实肯干的人、有人脉资源的人……

当你真正置身于职场之后，你会发现，不论是高效专业的人、踏实肯干的人，还是拥有丰富人脉资源的人，想要在职场中大放异彩，一定离不开一种更重要的能力——沟通能力。如果你只会做、不会说，那么即使你很努力、很出色，也很容易被忽视。刷新职场存在感，获得领导赏识，得到同事和下属的助力，才能实现自我的快速成长，而这些都离不开沟通。

那么，到底什么是沟通呢？那些沟通高手都是怎么沟通的？

沟通就是口才好、能说会道吗？沟通就是倾听和赞美吗？

你想给领导汇报工作，如何沟通，才能既让领导看到你的努力和成绩，又不会显得你居功自傲？

你发现下属执行力不够，如何沟通，才能既激发下属的工作积极性和创造性，又不会让下属觉得你不近人情？

客户明明有成交意愿，却怎么都不肯下单，如何沟通，才能让客户心甘情愿地掏钱付款？

作为窗口服务的工作人员，遇到找碴儿的顾客，如何沟通，才能让顾客感到满意、减少投诉？

……

可以说，职场中的沟通问题层出不穷。但沟通又是职场的日常，不懂沟通，不会沟通，你可能就会在职场中表现平平，甚至会处处碰壁。

本书从职场沟通的误区、职场中常见的沟通模型、如何与领导沟通、如何与下属沟通、如何与客户沟通等七个方面入手，帮助你发现自己在沟通过程中可能陷入的误区，让你正确认识职场沟通，并学会在各种工作场景中与各类角色进行有效沟通。不管你是想与高层领导沟通，还是与挑剔的客户沟通，抑或与自己的亲朋好友沟通，都能从这本书中找到对应的模型和方法。

相较于枯燥的方法论类图书，本书中有大量丰富的对话场景、真实的沟通案例和模型图，你可以从中了解到很多沟通高手所拥有的高效沟通能力，并学习他们在多种场景之下沟通的恰当方式和实操方案，进而获得直接、快捷、有效的帮助，最终快速掌握沟通的主导权，达到高效沟通的效果。

当然，并不是学会几句话就能真正获得沟通能力，成为沟通高手，这个过程还需要你自己不断地学习、实践和总结，从而逐渐掌握说话的技巧。希望这本书能帮助你打开真正会说话、懂沟通的大门，让你慢慢理解沟通高手的含义，并能够运用书中提供的模型、方法、技巧和案例素材，为自己的工作助力，给自己的职场能力加码。

陈亮嘴

2024 年 8 月 1 日

目　录

第二章 沟通就是职场日常——了解常见沟通模型

第三章 突出重点不啰唆——如何与领导沟通

第六章
拿捏痛点易成交——如何与客户沟通

第七章 热情亲和好服务——如何与窗口顾客沟通

第一章

不踩坑、不尬聊——有效沟通的基础是什么

什么是有效沟通？有效沟通不仅要求双方沟通顺畅，还要求双方在情感上能够感同身受，理解上毫无偏差。简而言之，有效沟通就是要实现共赢。否则，很容易陷入尬聊、自嗨等沟通误区当中。

千万别踩坑——沟通的误区

很多人都认为沟通是一件非常简单的事，只要敢说话、会聊天，能表达清楚自己所要传递的信息，而对方也能准确无误地接收到我们传递的信息，那就是沟通。

这其实是一种误区。即便是日常沟通，每个人的表达能力和理解能力仍有层次之分。敢说话、会聊天固然好，但不代表你会沟通。

敢说话，还要会说话

在职场中，那些滔滔不绝的人总能吸引你的注意力，你在惊叹于他们敢说、敢表达的同时，可能也会安静地坐下来听他们说。但听一会儿你会发现，有些人说的话语意精准，每句话都有信息量，不会显得多余，让人听完一句，还想再听第二句；而有些人虽然一直在表达，但说的多数都是废话，要么逻辑混乱，要么“假大空”，听一会儿就听不下去了。

这说明，沟通并不等于敢说话，就算你胆子大、敢表达，心里有什么都敢说出来，也不见得可以形成有效沟通。把沟通当成敢说话，这是沟通中的一个误区，也是多数人都会踩的坑。

○沟通不等于敢说话

在一次关于沟通的调查中，针对上下级、同事之间以及与客户的沟通中，有以下几点是大部分人所面临的问题：

- 不敢明确阐述自己的想法；
- 有不满意见时不敢说；
- 不敢用领导那种严厉的态度吩咐任务；
- 不敢直截了当地给下属分配任务；
- 不敢说客户不喜欢的话。

于是有些人认为，因为自己“不敢”才导致沟通失败，如果自己“敢开口”“敢说话”，沟通就会很有效、很成功。

为了实现“有效沟通”，他们在各个场合开始努力让自己变得“敢说话”：

- 只要有需要说话的场合，就一定不放过；
- 领导让大家积极发言，一定要站起来发言；
- 看到同事们在聊天，就要凑过去聊几句；
- 客户在看产品，必须在一旁为客户做介绍，生怕冷场。

……

以上这些情况看似是在主动、积极地沟通，但你很快发现：大家并不愿意跟你沟通，甚至有时还故意躲开你。

为什么会这样？

敢说固然是好事，但如果没抓住有效沟通的根本，好事也可能变成坏事。演讲大赛中的冠军未必是职场上会说话的人，酒桌上谈笑风生的人也未必能成功谈下客户。有效沟通不但需要敢说话，更需要会说话。

○会说话，才能实现有效沟通

波斯诗人萨迪说："你若不说话，不会有麻烦。你若开了口，就得有才干。"

什么是会说话？能言善辩就是会说话吗？语言华丽无比就是会说话吗？

并非如此。

真正的会说话，应该是你能通过沟通对话解决实际问题。只有问题得到解决，你说的话才有意义，你与他人的沟通才是有效沟通。

说话水平的高低可以分为三个层次：

第一层：别人能听懂你说的话；

第二层：别人喜欢听你说的话；

第三层：别人主动照你说的做。

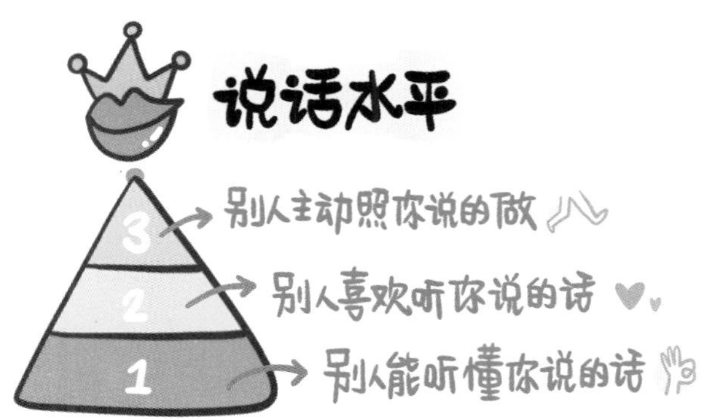

在职场中，如果你说的话能达到以上的第三个层次，让领导愿意照着你说的去下达指令，让同事照着你说的配合工作，让客户照着你说的去下单，这就是真正的高效沟通。

沟通≠聊天

沟通不就是在聊天吗？聊着聊着，事情不就解决了？

于是我们看到，一些人跟同事聊天口若悬河，跟领导聊天毫无压力，跟客户聊天称兄道弟。但当你问他：“你最后得到了什么信息兑换码？对方接收到什么信息了吗？”他却一脸懵地看着你，完全不知道你在说什么。

以上这个状态，是不是在大部分人身上都有存在？严格意义上来说，你所谓“聊天式沟通”都属于无意义沟通，没什么效果。而你之所以认为聊天就是沟通，是因为你掉入了沟通的陷阱当中。

○会聊天的人，不一定会沟通

就我们每个人来说，几乎没有一天不跟人聊天，但这并不属于沟通。

聊天与沟通有着本质的区别。一般来说，聊天具有以下特点：

- 聊天的内容千变万化，可能上一秒在聊明星八卦，下一秒就跑到国际战争上去了。

- 聊天的内容很琐碎，可以从家长里短聊到社会变迁。
- 聊天的目的不明确，或者说根本就没有目的，聊到哪里算哪里。

相较之下，沟通的特点是：

- 内容较为集中，不会漫无边际地说话。
- 目的性明确，需要将双方所表达的信息加以整合，并做出积极回应。
- 强调简洁、高效，对信息有解码能力，为了让沟通尽快完成，双方往往会直奔主题。

由此可见，会聊天的人，不一定会沟通。想要达到沟通目的，即使采用“聊天式沟通”，也要借助一些沟通技巧，将聊天变成有效沟通。

○把聊天变成有效沟通

有效的沟通，必须基于目标的达成。沟通双方要对彼此有全面的认知，继而恰如其分地利用沟通策略，实现最终的沟通目标。

要实现以上目标，你需要做到下面三点：

第一，构建良好的沟通氛围。如双方保持微笑，与

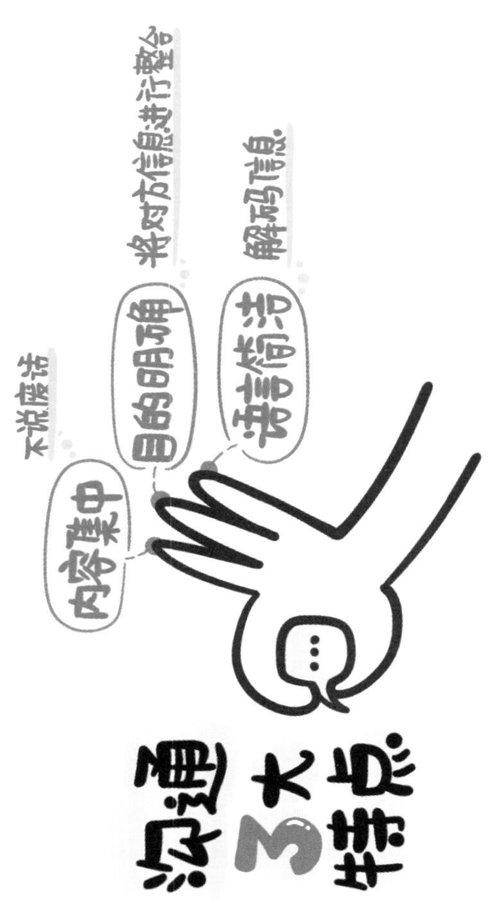
沟通3大特点
内容集中
不说废话
目的明确
将对方信息进行整合
语言简洁
解码信息

对方有目光接触，不要在胸前交叉双手等。

第二，遵循三个基本要素，即听、问、说。听，不仅要用耳朵，还要用心听，听出对方的潜台词，透过现象听出本质；问，要有针对性地提问，从对方的回答中提炼自己需要的信息；说，针对问题，有策略地给出回答。

第三，克服沟通中的障碍。沟通的基本要素在于发出者、沟通渠道和接收者。之所以出现沟通不畅，关键在于沟通存在信息不对称、认知不匹配、渠道不适宜、方法不适用等问题。要解决这些问题，你需要做到有效表达、有效倾听和有效反馈。

当然，沟通中也可以适当利用聊天来活跃气氛，拉近彼此的距离。但聊天只是沟通的一种工具，通过聊天所要达到的目的才是你最终需要关注的。

远离三种沟通心态

很多朋友跟我说，自己在与人交往时不懂得察言观色，不知道怎么跟人沟通，自己明明很用心、很坦诚，结果总是沟通不畅，比如感觉自己不被重视，或者受到不公平的批评等。

其实，在沟通中遇到这些情况，一方面可能确实是对方的问题，但另一方面也是我们自己存在心理障碍，导致自己陷入了沟通误区。

根据我的观察发现，人们在沟通时经常有三种心理障碍，这三种心理障碍也是很多人在沟通时总会下意识闪现的三种负面心态。

接下来，我帮大家分析一下这三种心态。

○不被认可的心态

每个人都有“想得到他人认可”的心态，但如果对这种被认可的渴望太强烈，就会导致自己心累、别人心烦，“想得到他人认可”的心态也会变成“我总是不被认可”。

因为感到自己不被认可，所以迫切希望得到他人认可，于是就会出现在沟通时过度讨好或过分表现。

比如，当别人提出一个建议时，你明明心里感觉很一般，但嘴上说的却是“真不错”“非常好”“受益匪浅”。这时，你内心期待的是：我对你这么友善、这么认可你，你也应该这样对我。但是，这样的评价并没有什么信息含量，别人也就听听，并不会放在心上，以后对待你也不会有什么改变。如果对方再敏感一些，甚至可以觉察出你的故意讨好，还可能因此而觉得你很虚伪，以后就会更加不重视你。

过分表现的情况也很常见。比如有一次，我跟几个朋友在一起聊天，其中有个朋友恰好是我们所聊话题的专业人士，于是他便开始表现自己，“你们没学过这个专业，根本不了解，这个专业特别难，一般人根本学不来。只有经过专业训练、能力非常强的人才能学好。”当时大家听后都很尴尬，似乎有种“班门弄斧”的感觉，但其实我们几个朋友对他的专业知识都很了解，并不觉得有什么可炫耀的。这就属于用力过猛了，毕竟在正常沟通中，谁会这样表现自己、贬低别人呢？

○担心自己不行的心态

经常担心自己不行的人，与人沟通时总是显得很紧张，甚至会反复强调“我不行”“我说不好”“我不会说话”，生怕自己出错。如果你对自己的评价总是负面的，在其他人面前也表现得战战兢兢、诚惶诚恐，那么别人也会感到有压力，甚至对彼此的沟通失去耐心。

○受害者心态

这种心态在沟通中也很可怕。本来大家都是平等的，但有人总觉得自己是受害者，别人说话都在故意针对自己，或者很难相信别人，担心自己被利用。抱着这样的心态，怎么可能放松下来，与人进行深入、融洽的沟通呢？

在沟通中出现以上三种负面心态，我认为主要与自信心有关。因为不够自信，所以特别渴望他人的认可，也总觉得自己得不到足够的认可；因为不够自信，再加上曾经可能有过失败的经历，就总觉得自己不行；也因为不够自信，总认为自己是受害者，最后真成了受害者。

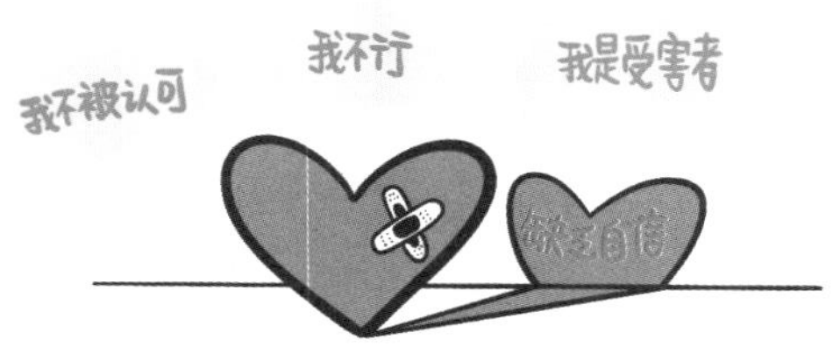

当然，要在沟通中提高自信，光靠想得开可能不够，依然需要别人的评价。那么怎么得到别人的好评呢？

我认为，只要展现出自己该有的、正常的、自然的状态就可以了，由此得到的评价，就是自己应得的客观评价。在这个过程中，你可能会听到批评的声音，但这些恰恰可以激励你不断提升自己，而且自己因此得到的尊重和好评也不会少。

关闭自嗨模式，启动沟通闭环

同学聚会中，生活、事业顺风顺水的 A 同学眉飞色舞地讲述着自己的过往经历，半个小时没有停歇，全然不顾周围左顾右盼、窃窃私语的其他人。

部门会议中，B 员工兴致勃勃地讲述着自己的项目规划，15 分钟过去了，没有跟领导和其他同事有任何互动，完全沉浸在自我绘制的蓝图中。

某汽车品牌的 4s 店中，C 销售员滔滔不绝地为客户介绍新上市汽车的优点，根本没有了解客户的需求和想法。

在日常生活和工作中，你是不是也常常会遇到上述情景，或者自己一不小心也会掉入这种沟通陷阱中？

这种沟通就是所谓的“自嗨模式”沟通，也是很多人都会踩的坑！

○及时关闭你的“自嗨模式”

“自嗨模式”表面上看似能说会道，不停地输出自己的观点，但沟通效果很差。在我们身边，从父母到老师，再到领导，这样的沟通者比比皆是，说的人越讲越嗨，听的人越听越烦，当沟通结束后，效果可想而知。

“自嗨模式”沟通有以下几点表现：

- 沟通前没有倾听听众的需求；
- 沟通过程中没有与听众互动；
- 听众对沟通者表达的内容没有兴趣，不耐烦，甚至不配合。

如果在沟通的过程中有以上情景，请立刻关闭你的“自嗨模式”，快速启动“沟通闭环”。

○快速启动你的“沟通闭环”

沟通，要有闭环。什么是“沟通闭环”？

沟通闭环就是在信息传递过程中，接收方和发送方需要积极、紧密配合，以确保信息传递的准确性和完整性。

沟通闭环不仅可以避免信息传递的误解和偏差，还能避免执行中的拖延、推诿等主观问题，进而提高沟通效率。

完成沟通闭环需要四步：

第一步：发送方明确沟通目的，制订沟通计划。

第二步：发送方向接收方交代任务。交代任务可以通过面对面、微信、电子邮件等形式进行，如果是后两者，发送方一定要确定接收方收到任务。

第三步：接收方对发送方发送的信息进行确认，并执行发送方交代的任务。

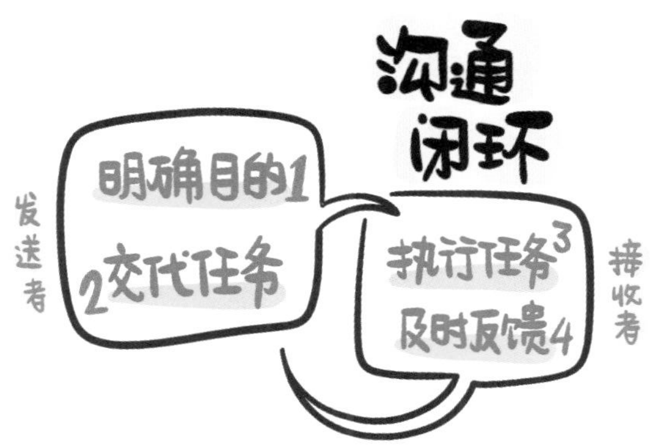

第四步：接收方完成发送方交代的任务，并积极予以反馈。反馈的形式可以是面对面沟通、发送微信和电子邮件等。同样，反馈后要确保发送方收到反馈信息。

沟通中，有这样一句戳心的话：我回你是秒回，你回我却是轮回，最怕的是你干脆不回。而沟通闭环解决的就是这种低效沟通，甚至无效沟通的问题。

沟通闭环让沟通双方做事有始有终，都能成为靠谱的人！

有效沟通中，这些事要做到

沟通不仅是一种语言的组织和信息的传递，更是一种思维的凝练和职场的博弈，掌握更多有效沟通的策略，才能让自己少踩坑，让沟通更顺畅。

那么，如何掌握有效沟通的策略呢？哪些方法能让我们的沟通成效事半功倍？

本节内容就是要告诉你，要实现有效沟通，你需要做哪些事。

沟通三角形，缺一不可

要实现有效沟通，就必须让沟通过程成为一个闭环。这个闭环可以用一个沟通三角形模型来达成。

沟通三角形的结构非常简单，就是由三个顶点和三条线段连接而成。其中，三个顶点分别代表对象、信息和目标，三条线段分别代表需求、推进和反馈。

三个顶点的关系如下：

- 对象与信息之间为需求关系，即你的沟通对象是否能接收并理解你所传达的信息；

- 信息与目标之间构成推进关系，即你传达的信息能否推动你完成最终的沟通目标；
- 目标与对象之间构成反馈关系，即你的沟通对象是否能给你期待的反馈，最终帮你达成目标。

根据这个三角形模型，不论你打算做什么——演讲、说服、销售、谈判、对话……都可以整合到模型当中。你只需要在纸上画一个三角形，标明三个顶点，写清三条线段，就能清楚地知道，自己哪些地方还有盲点，哪些地方仍然需要加强。

那么，如何利用沟通三角形来实现有效沟通呢？

○对象：沟通的起点

沟通一定是双向的，就算你用发送微信和电子邮件这类沟通方式，也会存在信息发送者和信息接收者，而后者就是我们所谓的沟通对象。

在日常生活中，很多人误以为信息发送者才是沟通的起点。其实不然，来自沟通对象的感受和反馈，才能推动整个沟通活动的进展。

因此，进行有效沟通的第一步就是学会分析你的沟通对象。比如，你作为下属要汇报工作，那么沟通对象就是你的领导；要进行一场商务谈判，沟通对象就是你未来的合作伙伴。

实践表明，明确沟通对象，并对其进行深入分析，才能在组织沟通语言时更有针对性，从而使沟通更加顺畅。

○目标：沟通的终点

所谓沟通意图，就是需要你明确的一点：为什么要沟通。

比如，你要写自荐信，意图可能是想争取某个职位；你与供货商谈判，意图可能是想压低进货成本。

所以，善于沟通的人在发出信息前，都会预设自己沟通的终点，也就是最终会达成什么样的目的，自己的沟通对象会产生怎样的感受和反馈等。

○信息：沟通的桥梁

在明确了沟通的起点和终点之后，接下来你需要在两者之间搭建起一座沟通的桥梁，这座桥梁就是你想要传达的信息和传达信息的渠道。比如，你是打算直接与对方面对面沟通，还是打算用电话、视频或邮件等方式沟通。

选择好沟通渠道后，你就可以搭建框架、组织语言、发送信息、等待反馈，逐步完成整个沟通闭环。

明确目的去沟通

很多失败的沟通都有一个共同特点，就是事先未经考虑和规划，结果要么使沟通变成了漫无目的的聊天，要么变成了毫无价值的争辩，甚至最后令沟通陷入僵局。这就属于缺乏明确目的的沟通，而无目的的沟通都是无效沟通，应该立即停止。

高效沟通的前提，必须要有明确的沟通目的，没有目的，你就会用本能去沟通。我经常听一些客户抱怨说，有些销售人员在登门拜访时，先是噼里啪啦地说一通恭维的话，接着例行退场。这种典型的无目的沟通完全达不到想要的效果，你却还自以为是地认为自己已经跟客户沟通过了。

真正的沟通高手，知道对话的多少并不会决定沟通效果，最重要的是有没有明确每一次的对话想要获得什么。

那么，沟通都有哪些目的呢？

我总结了五个方面，分别为传递信息、表达情感、建立关系、解决问题与协调合作，你可以在沟通时使用。

○传递信息

沟通的首要目的就是传递信息。你需要通过沟通向他人传达自己的观点、想法、知识和经验等。有效的沟通需要确保信息准确、完整地传达给对方，避免引起歧义或对方的误解。

○表达情感

有时你与他人沟通时，并不需要说任何事情，只是纯粹地表达自己的情感，如快乐、悲伤、愤怒等。这也是一种情感分享，通过这种沟通，你可以更好地了解自己的情感状态或感受他人的情感状态，从而帮你更好地应对人际关系中的挑战与困难。

○建立关系

沟通是建立和维护人际关系的重要手段。通过沟通，你可以跟他人增进彼此间的了解，建立信任和友谊，还可以帮你建立和谐融洽的人际关系，获得他人的支持和帮助。

○解决问题

在任何时候，想要解决问题都离不开沟通。通过沟通，你可以与他人交换信息、集思广益，找到解决问题的思路与方案，从而快速有效地解决问题，避免冲突和矛盾。

○协调合作

通过沟通，你可以向别人展示自己的才学，也可以发现对方的才学，继而协调彼此间的关系，或者建立友好的合作，实现共赢。

只要你的沟通达到以上的一个或多个目的，就算是有效的沟通。反之，如果你发现自己与别人的沟通没有

围绕以上五个目的展开，那你就应该暂停一下，调整策略，让自己回到以上五个沟通目的上来。

沟通需要真诚的态度

日本“经营之圣”稻盛和夫曾说，“在沟通时，要与他人进行心与心的交流，在情感上建立彼此的信任。”如何达到这种程度呢？最重要的就是要用真诚的态度进行沟通。

如果你回忆一下某件重要的事发生时的场景，你会发现，关于这件事的沟通并不仅限于语言的表达，还会有倾听、接纳、认同、感同身受等。在这个过程中，沟通双方真诚的态度往往起着非常重要的作用。

○沟通不需要华丽的语言

曾经有位朋友十分困惑地问我：“我感觉自己跟人沟通时已经很真诚了，每说一句话都要考虑怎么用词，语言也非常讲究，但沟通效果并不好，问题出在哪里呢？”

我告诉他，问题就出在他错误地理解“真诚”的含义上。

真诚是不做作、不虚假，让别人能真正感受到你的情感、理解你的观点。它并不需要太华丽的语言和辞藻，哪怕你说出来的话很朴素、很直接，没什么技巧，只要表达真切，依然能让人信服。否则，就算你口若悬河、滔滔不绝，缺乏真诚的态度，沟通也很难有效。

所以，想要让沟通的态度更真诚，你要在表达时注意下面的问题：

- 不必刻意追求语言的华丽，高效沟通从来不是靠舌灿如花；
- 避免虚伪和奉承，更不要说一套做一套；
- 尊重彼此间的差异，不要在沟通中试图改变对方的观点；
- 注意掌握分寸，避免过于直接或冒犯对方。

○在沟通中展现真诚和友好

沟通中真诚、友好的态度强于任何华丽的语言和技巧。想实现有效沟通，就必须在沟通过程中加入一定的情感因素，用情感输出来代替直白的交流，这才更容易加深彼此之间的关系。

要做到这一点，不但需要你拥有细腻的情感，还需要你能够用真诚、友好的态度输出自己自然、真实的情感状态。根据我的经验，做好以下三点就足够了。

第一，善于倾听并回应

倾听是真诚沟通的基础。在人际交往中，很多人需要的往往不是建议、不是安慰、不是吹捧，而是倾听。认真倾听对方的表达，不随意打断对方，这既是对对方的尊重，也可以让你从中获得更多有用的信息，了解对方的想法和需求。

在倾听中，你可以用点头、微笑，或者复述对方的话、提出问题、分享相关经历等方式给予积极的回应，以此展示你对对方的理解和关注。

第二，真诚地表达自己

不要害怕在沟通中表达自己的真实感受，相反，当你真诚地表达自己的想法、观点或经历时，对方更容易感受到你的关心和信任。

不过，在表达自己时要注意以下三点：

- 用词准确：避免使用含混不清、模棱两可的词语，要让对方明确了解你的想法和意图；
- 语气诚恳：尽量用平和、真诚的语气来表达，避免过于生硬、虚伪或夸张；

- 情感真挚：真诚不是要跟对方说好话、恭维对方，而是用真诚、友好的态度关心对方。

第三，保持开放和包容的态度

开放和包容的态度，意味着你愿意接受对方不同的观点、文化和背景，并尊重对方的差异和独特性。同时，这也能让对方感觉到与你沟通更加舒适和自在，从而更愿意与你建立真诚、友好的关系。

以上这些沟通技巧，不但能帮助你建立更加积极、和谐的人际关系，还能在职场中提升你的个人魅力和影响力。

换位思考去沟通

在沟通过程中，破坏力最强的语言莫过于“你错了”

三个字。每个人都有一套自己的认知标准，很多时候也容易把这套标准当成沟通的标杆，以此判断人和事的是非对错，习惯性地给别人的言行下定义、“贴标签”，甚至毫不留情地对别人提出指责和批判。

是不是别人真的错了呢？

并不见得。很多时候，你之所以觉得和别人沟通很费劲，或者认为别人是错的，往往因为对方的言谈举止不符合你的“标准”。但你的标准也并非真理，自然无法成为评判别人对错的依据。如果你习惯于这种沟通方式，那么你与别人的沟通就不会很顺畅。

要避免以上情况出现，一个有效措施就是学会换位思考。当你能站在对方的角度思考后，你也就能理解对方的感受和需求，并知道该如何与对方有效沟通。

○“应该怎么做”和“不应该怎么做”

换位思考的重要性在于，它可以帮我们更好地理解他人的立场和需求，学会为他人考虑，继而站在对方的立场上进行对话。切勿只考虑自己的立场和自己如何获得回报，而忽略深入对方的内心去了解对方的情绪与需求。沟通原本就是双方感受的连接，当你理解了这一点，沟通时自然会更容易换来对方善意而友好的回应。

在换位思考时，你要明白两个问题，即自己“应该怎么做”和“不应该怎么做”。站在对方的角度，你需要注意一些自己说话时应该避免的具体问题：

- 声音太小或语速太快 → 对方听不清，感觉很紧张
- 声音过大 → 对方有压迫感
- 语速太慢 → 对方容易疲倦，失去兴趣
- 说话时间过长 → 对方抓不住重点，容易厌烦
- 说话内容未经整理，表达缺乏逻辑 → 对方不清楚你要表达什么

听别人说话时，我们会很自然地发现以上问题，同样，别人也会从我们的话语中发现类似问题。如果我们在说话时有意识地避免这些问题，就相当于掌握了换位思考的沟通技巧。

○换位思考，让问题从 1 到 0

毫不夸张地说，沟通中 90% 的问题都可以通过换位思考来解决。我在跟别人沟通时，就非常善于换位思考，我发现要学会换位思考只要做好以下五步：

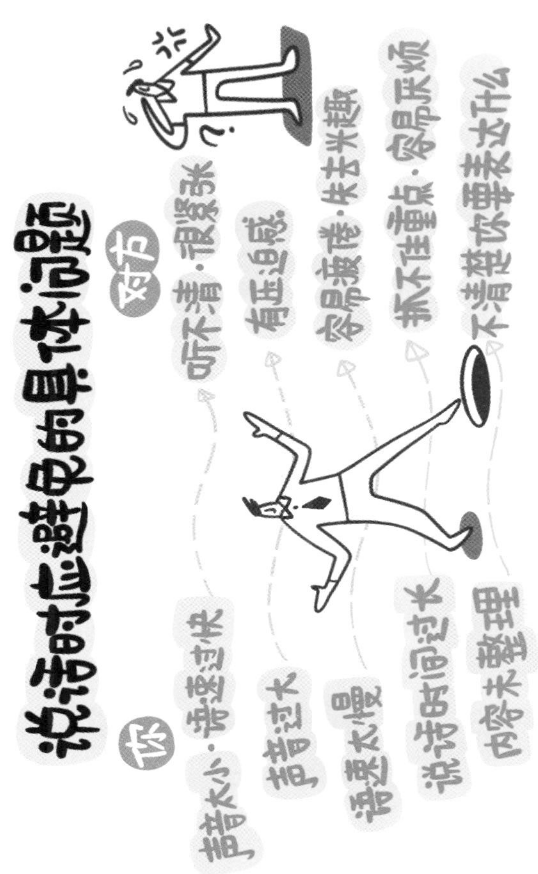
说话时应避免的具体问题
你
对方
声音太小·语速过快
听不清·很紧张
声音过大
有压迫感
语速太慢
容易疲倦·失去兴趣
说话时间过长
抓不住重点·容易厌烦
内容未整理
不清楚你要表述什么

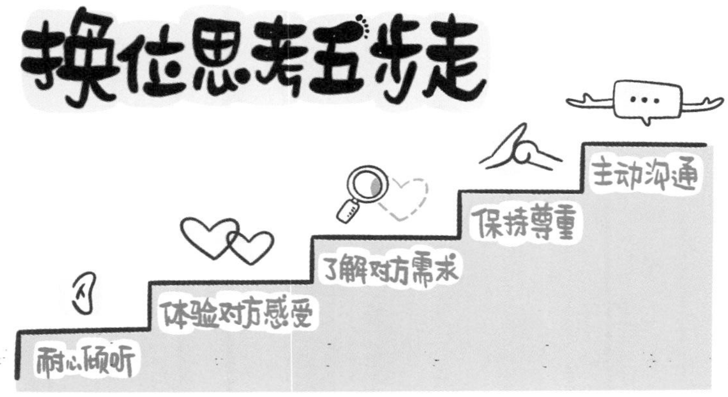

第一步：耐心倾听对方的表达。你不仅要听到对方说什么，更重要的是理解对方为什么这样说。

第二步：设身处地，体验对方的感受。试着把自己放在对方的角度，去体验对方的情感和处境。

第三步：用心观察，了解对方的需求。也许对方表达自己时并不直接，而是通过各种言行举止传达出隐晦的需求和期望，你要用心观察和解读这些信息。

第四步：保持客观，尊重对方的观点。即使你不同意对方说的话，也要保持尊重。

第五步：主动沟通，与对方建立互相信任的关系。

当你学会不只是从自身利益、自我想法来思考和处理问题，尽可能客观地去理解他人的感受、想法时，才能让沟通变得轻松、有效。

找准三个点，沟通不发慌

爱尔兰著名作家乔治·萧伯纳曾说：“沟通的最大问题在于，人们想当然地认为已经沟通了。”我觉得这句话说得太对了。因为我们“说”了，所以就认为自己已经在跟对方沟通了。至于对方有没有听、是不是听懂了，我们并不在意。同样，在听的时候，我们也很少会去核实对方话里的信息是不是准确、是不是完整。这种沟通就属于无效沟通。

怎样做到有效沟通呢？

我有个好办法，就是每次在与人沟通时，你先在头脑中找好三个点，这三个点分别代表对方的情绪、对方话里的事实和对方的期待。

○对方的情绪

情绪就是一个人内心感受的外在表现，如高兴、愤怒、恐惧、悲伤、焦虑等。但在沟通当中，一个人通常不会直接表示“我很愤怒”“我很焦虑”等，而是将情绪藏在话语里。这就需要我们在跟对方沟通时，听出对方话语中隐藏的情绪，分清哪些话是事实，哪些话是情绪。

比如，对方跟你说：“领导总让我写报告。”你认为这句话是事实还是情绪？

从“总让”这两个字就能看出，对方表达的只是一种情绪、一种主观感受，而不是事实。对方想表达的，其实是一种不满的情绪。这时你要做的，不是跟他辩论，而是要安抚他的情绪。情绪好了，沟通才能更好。

○对方话里的事实

什么是事实？不带有情绪说的话就是事实吗？

并不见得。与情绪正好相反，只有在表达那些不受主观情绪影响，并且可考证、可追溯的内容，才能叫事实。

不过，要从对方说出来的一大堆话语中分辨出事实，也是很需要判断力的。这时，你可以借助新闻记者核实事实的方法来判断，从对方的话语中找出以下几个要素：

- When：什么时间；
- Where：什么地点；

- Who：哪些人；
- What：什么事。

如果能通过四个 W 还原实际场景，那么对方说的话大概率就是事实。相反，如果对方的话中缺少这四个要素，或者只从“我感觉”“我判断”“我认为”等主观推断出发来表达，那么我们听到的很可能与事实有偏差。

○对方的期待

所谓期待，也就是对方内心真正想要的东西。而了解了对方的情绪和对方话语中的事实信息，我们就可以判断出对方的期待是什么。

举个简单的例子。假如你是一名销售人员，一位顾客从你这里买了东西，回去发现东西有质量问题，便气冲冲地来找你退货。

这时，你该怎样与对方沟通呢？难道只是一味地跟对方道歉吗？

并非如此。相反，如果你越是跟对方道歉，对方可能越愤怒。此时，你就要快速找准三个点，分别对应情绪、事实和期待。

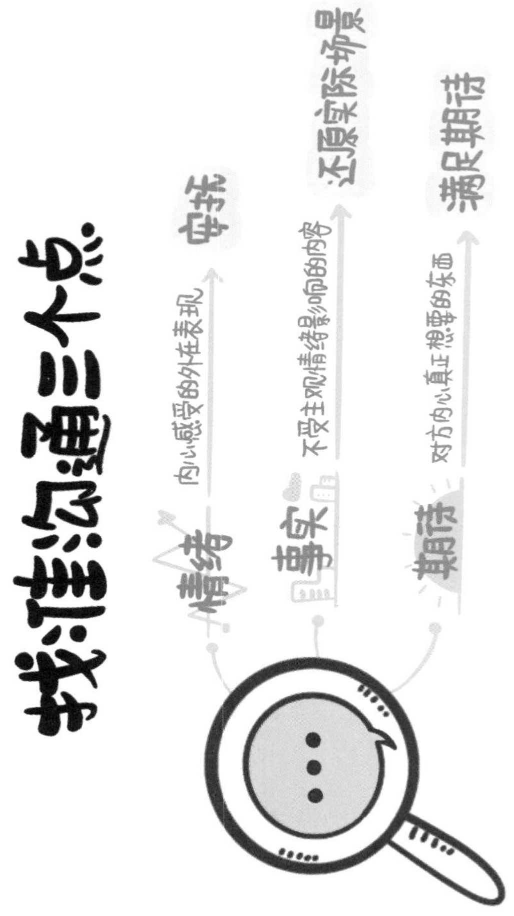
找准沟通三个点
情绪
内心感受的外在表现
安抚
事实
不受主观情绪影响的内容
还原实际场景
期待
对方内心真正想要的东西
满足期待

- 情绪：顾客很生气、很愤怒；
- 事实：顾客买到了一件有质量问题的商品；
- 期待：退货或换货，最好还能补偿他一点损失。

所以，不要与对方在情绪上纠缠，更不要逃避责任，跟对方针锋相对地沟通。首先，你要承认对方不应该遭遇这样的事情，然后承认自己的错误，向对方真诚地道歉，紧接着就要跟上一句："我马上给您换一件，并且赠送给您一个小礼品，希望能给您弥补一点损失。"这样一来，对方反而不好再指责你或跟你纠缠了。

因此，在沟通中，洞悉对方的情绪，发现对方的真实期待后，我们就能够及时做出正确的反应，与对方进行有效沟通。

本章要点小结

别让自己陷入沟通的误区

- 敢说话不等于沟通，有效沟通还需要会说话。
- 沟通不是简单的聊天，有效的沟通必须基于目标的达成。
- 沟通时拒绝负面心态，让自己展示出自信、真实的状态。
- 能说会道，不停地输出自己的观点是一种“自嗨模式”的说话，沟通需要关闭“自嗨模式”，开启沟通闭环。

有效沟通需要做到的事

- 构建沟通三角形，按照对象 – 信息 – 目标的逻辑来实现有效沟通。
- 沟通要有明确的目的，沟通目的通常包括传递信息、表达情感、建立关系、解决问题与协调合作五个方面。

- 沟通态度要真诚，要善于倾听、准确表达、保持开放与包容的态度。
- 沟通时学会换位思考，做好五步：耐心倾听对方的表达；设身处地，体验对方的感受；用心观察，了解对方的需求；保持客观，尊重对方的观点；主动沟通，与对方建立互相信任的关系。
- 快速在头脑中找准三个点，其分别代表对方的情绪、对方话里的事实、对方的期待。安抚对方的情绪，洞悉对方话中的事实，找准对方的期待，才能更好地实现有效沟通。

第二章

沟通就是职场日常——了解常见沟通模型

在职场中，高效沟通的能力至关重要，但许多职场人士却经常面临沟通难题：在遇到不解之处时，不知如何向同事求助；在面对与同事的分歧时，不知如何表达自己的意见；在向领导汇报时，不知从何说起、如何清晰阐述。

遇到以上挑战，找到沟通方法很重要。本章介绍的几种常见的沟通模型，可以帮你解决职场中的沟通难题。

观点或结论先行效率高——PREP 模型

PREP 模型是一种结构化的表达方法，它包括 Point（观点或结论）、Reason（依据）、Example（实例）、Point（重申观点或结论）四个核心步骤。这一模型可以帮我们构建逻辑清晰、条理分明的表达框架，让我们的观点更容易被别人理解和接受。

那么，我们该怎样在沟通中运用 PREP 模型呢?

根据它的核心步骤，可以分为“四步走”。为了让你更好地理解和掌握这四步，我们用一个案例来说明：假设你是一名产品经理，需要在团队会议上介绍一款新产品的设计方案。

第一步：提出观点或结论（Point）

在表达一开始，你就要简洁明了地提出自己的观点或结论。这一步很关键，因为它为整个沟通定下了基调，也决定了对方能否快速理解你所表达的核心意思。

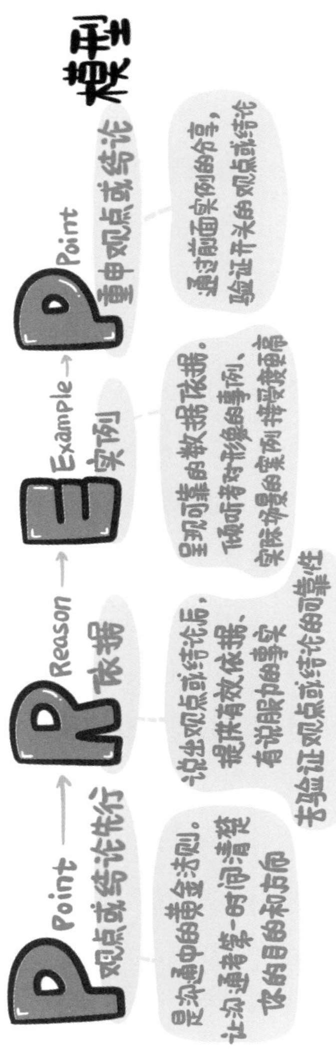
P Point 观点或结论先行
R Reason 依据
E Example 实例
P Point 重申观点或结论
模型
是沟通中的黄金法则。
让沟通者第一时间清楚
你的目的和方向
说出观点或结论后，
提供有效依据、
有说服力的事实
去验证观点或结论的可靠性
呈现可靠的数据依据。
倾听者对形象的事例、
实际场景的案例接受度更高
通过前面实例的分享，
验证开头的观点或结论

比如，作为产品经理的你就可以按照 PREP 模型来提出自己的观点，“我认为这款新产品的设计方案很有创意，可以满足市场需求。”

第二步：给出支撑观点或结论的依据（Reason）

你需要提供充分的理由来证明自己的观点是合理的、有说服力的，这些理由可以是事实、数据、逻辑推理等，用以增强观点的可信度，让听者更加信任你的表达。

在上面的案例中，接下来你可以这样表达，来支撑你的观点，“我们进行了深入的市场调研，发现目标客户群体对这款产品的功能和设计都有着极高的期待。同时，我们的设计方案在技术上也是可行的，可以确保产品的质量和稳定性。”这些理由都可以证明你的观点是合理且有依据的。

第三步：用具体实例证明观点或结论（Example）

列举具体的实例或故事，可以让你的观点更加生动、具体，让听者更容易产生认同感。需要注意的是，实例的选择要与你的观点密切相关，可以直观地展示观点的实际应用效果。

仍然以上述案例为例，接下来你就可以用实例来进一步阐述自己的观点，“比如，我们在设计方案中加入了智能语音控制系统，可以与其他家居设备形成联动，实现更为智能化的生活场景，提升用户体验。此外，在产品外观方面也做了优化设计，使其更加符合现代审美需求。”这些实例可以让你的观点更加具体化，也让听者更容易理解和接受。

第四步：对观点进行重申（Point）

通过重申观点或总结表达，不但能加深听者的印象，确保他能真正理解你的主张，同时还能让你根据听者的反馈进行调整，让自己的表达更加完善。

作为产品经理，你在重申观点时可以这样说：“因此，我相信这款新产品的设计方案可以取得巨大成功。我们应尽快推进项目的后续工作，确保产品可以按时上市。”如此一来，你就能让听者加深印象，也为项目的推进做好准备。

除此之外，PREP 模型还适用于很多场合，如向领导汇报工作、与同事沟通项目等。你也可以把 PREP 模型理解为“总—分—总”结构，也就是把结论放在开头，一开始就明确信息传达的目标，让对方知道你接下来要说什么；然后再依次给出依据和具体实例；最后重申一遍结论，让对方加深印象。

聚焦事实不主观——FIRE 模型

FIRE 模型总结起来就是“用事实说话”，它可以帮助人们评估冲突发生的环境背景，并在沟通中更加清晰地阐述事实，表达自己的立场和期望。因此，该模型对于处理冲突和提高沟通效果非常有效。

FIRE 模型也分为四个核心步骤，分别为 Facts（事实）、Interpretations（解读）、Reactions（反应）和 Ends（结果）。

我们仍然通过一个案例来具体了解如何在沟通中运用 FIRE 模型。假设在项目团队中，你和另一名同事关于

项目的进度产生了分歧，这时你就可以运用 FIRE 模型与对方进行沟通。

第一步：阐述事实（Facts）

事实就是真实存在或发生的事情，并且具有具体、公正、客观、不带有感情色彩的特点。高手在沟通过程中，通常会准确地向对方传递事实。尤其是双方遇到无法达成共识的问题，或者在工作中出现冲突时，客观地阐述事实有助于让双方都保持冷静，不会被负面情绪所影响。

针对上面的案例，你就可以先向对方阐述事实，如，“我注意到，我们最近的项目进度有些滞后。按目前的进度，可能无法在预计时间内完成。”

第二步：对事实进行解读（Interpretations）

就是要求沟通双方相互理解彼此的观点和立场。解读一般都是基于个人的经验、知识等对事实进行的主观理解，因此双方的解读很可能不同，继而导致不同的反应和行动。因此，在这一步，你可以和对方分享一下对事实的不同理解，同时尊重对方的解读，这也是该模型成功运用的关键。

在上面的案例中，你可以这样解读，“我理解，这可能是因为我们在任务分配和优先级设定上存在分歧，导致工作效率受到了影响。”解读要基于客观事实进行，并且不加入个人的主观判断和情绪。在你解读完后，别忘了认真听听对方的解读。

第三步：做出恰当的反应（Reactions）

解读之后，双方通常会出现一系列的情感和情绪反应，这些反应可能是积极的，也可能是消极的。但不论哪种反应，都不必刻意压抑，只需要诚实地面对和承认即可。这也可以让你更好地理解自己的需求，并促进对方的理解和共情。

第四步：期望的结果（Ends）

在经历了情绪反应之后，你和对方需要明确自己希望通过沟通达成什么样的结果或目标。明确的结果或目标有助于指导沟通的方向，确保你和对方的努力都聚焦在这些结果或目标上。

比如，你可以向对方表达自己的期望，“我希望能拿下这个客户，但给对方的报价不能这么低。”“我希望打通西北市场，但应该是通过其他方式……”这就令你们双方将关注点放在同一个结果或目标上：用更合适的报价与客户建立合作；通过更恰当的方式打通西北市场。

通过以上四步，沟通双方便可以保持一个清晰、理性与合作的态度，尊重彼此的观点和需求，从而有效地解决冲突和问题。

用故事突出逻辑——SCI 模型

SCI 模型也叫故事表达模型，是一种用于构建故事性表达和思维逻辑的沟通框架。它包括三个步骤，分别为情境（Situation）、冲突（Conflict）和影响（Implication），主要是帮助沟通者以故事的形式清晰地传达问题、困难以及可能造成的影响，从而引发听众的兴趣和共鸣。

举个例子，假如你要在会议上提出项目团队面临的各种问题，并希望得到解决，就可以运用SCI模型来进行表达。

第一步：描述故事的情境（Situation）

你要在表达中描述出故事中面临的具体情境，如背景信息、主要人物、时间、地点、事件等，为故事设定对应的舞台。通过描述故事中的情境，与对方建立起共同点。

比如，你在会议上提出项目团队面临的问题时，可以说："现在，我们的团队在项目推进过程中遇到了进度延迟和资源不足的问题。"

第二步：提出挑战或冲突（Conflict）

这一步主要陈述问题、挑战或出现的冲突，并且明确该情境下应该解决什么问题，以及哪些改变是必要的，使故事产生悬念和紧张感，让听众把注意力集中在你提出的挑战或冲突上。

比如，在会议上提出冲突时，你可以说："这导致我们的项目计划不断推迟，团队成员的合作出现困难，大家的士气都很低落，影响了整个项目的进展。"

第三步：展示冲突或问题带来的影响（Implication）

家庭教育

易怒的男孩
刻意练习带孩子走出
情绪困境

用方法、练习，撕掉男孩易怒的标签。帮他表达情绪，而非情绪化表达。

不分心不拖延：
高效能孩子的八项思维技能
（实践版）

八大“执行技能”，提升孩子解决问题的底层能力。25个实践练习，帮孩子彻底告别分心拖延。附赠实践手册。

5步儿童时间管理法
让孩子彻底告别磨蹭拖拉

5个步骤×11种超实用时间管理工具，解决孩子8大时间管理问题，让孩子做时间的主人。

好妈妈不吼不叫
辅导孩子写作业

让孩子主动写作业、成绩倍增的100+小方法。内附音频课程，做有方法、不焦虑的父母！

30天高分学习法
轻松提升成绩的秘籍

幽默有趣的故事情节，简单有效的学习方法，让孩子30天实现学习逆袭，成绩倍增。

可复制的极简学习法
四步轻松学出好成绩

畅销书作者、日本超人气学习方法专家清水章弘新作！让孩子从“讨厌学习”变为“享受学习”！

好玩的金融
（全两册）
钱是怎么流动的
会存钱也会花钱

在漫画和图解中学习金融知识，树立健康的金钱观，从小学会和钱做朋友。

小学生趣味心理学
培养执行技能的40个练习
发展共情能力的46个练习
学会应对焦虑的40个练习

心理学家为你提供126个互动练习，培养孩子小学阶段3大关键心理技能。

解谜益智

古蜀之谜纹蜀碑

三星堆考古主题，包含大型木质机关的解谜游戏书，在家能玩的密室逃脱游戏。

变形金刚决战塞伯坦三部曲创作集

网飞动画首次推出创作设定集，全面揭幕“塞伯坦三部曲”。

仙镜传奇

《镜之书》解谜游戏书的前传故事。

镜之书：天启谜图

故宫主题的解谜游戏书，可以去故宫实地探访解谜。

古蜀之珑岭无字碑

古蜀解谜游戏书系列第二部，延续三星堆考古主题，创新木质机关玩法。

逃脱游戏1

逃脱游戏2

逃脱游戏3

引进自法国的著名桌面密室逃脱游戏，演绎精彩的冒险故事，带领读者走进奇幻的探险旅程。

家庭教育

给孩子的8堂
思维导图课

全网畅销20万册。思维导图创始人东尼·博赞推荐的行业领袖，王芳、庄海燕鼎力推荐的思维导图教练，帮助孩子快速提升学习力。

这样说，孩子学习更高效

资深实战派教育专家李波老师，分享老师不说、家长不懂的亲子沟通方法，让孩子爱上学习就要这样说。

孩子如何交朋友
读懂儿童的友谊

理解儿童世界中的友谊规则，支持孩子在“交朋友”中成长。

对孩子说“不”
父母有边界，孩子守规则

用养育中的“边界感”，培养自信、独立、有同理心的孩子。

真朋友，假朋友
给青春期女孩的友谊指南

畅销欧美的青春期女孩友谊指南，九大友谊真相，让女孩从小学会交朋友，远离社交孤立和校园霸陵！

亲子日课

6大成长维度，365个亲子陪伴工具，每天10分钟亲子时光，营造每日一次的“家庭仪式感”。

和孩子约法三章
支给零花钱的规则

小小零花钱，
藏着孩子未来的大财富。

和孩子约法三章
使用手机的规则

手机是亲子沟通的桥，
不是冲突的导火索。

生活方式

小生活轻松过

漫画断舍离——
画风温暖，治愈人心。

我的小生活，先从一天扔一件东西开始。

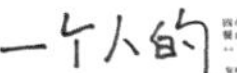

一个人的四季餐桌

既有硬核烹饪技巧，又有态度和温度，国内首部本土化的“一人食”料理书：伴你尝尽四季时令之食，手把手陪你制作96道精致一人食料理。

咖啡入门
冠军咖啡师的咖啡课

世界冠军咖啡师的趣味解说，轻松入门的咖啡课。

我的咖啡生活

器皿+道具+咖啡豆+享受咖啡的时间和空间，带给你不一样的生活态度。

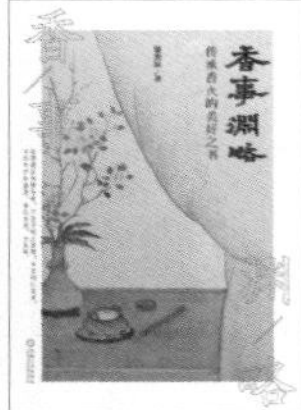

香事渊略
传承香火的美好之书

一本识香、品香、用香的美好之书。

点茶之书
一盏宋茶的技艺与美学(文创礼盒)

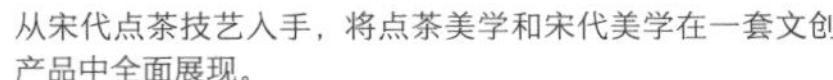

从宋代点茶技艺入手，将点茶美学和宋代美学在一套文创产品中全面展现。

从解剖学、生理学、营养学角度量化解析增肌减脂的动作、计划、训练、饮食。训练内容配备极其详细的动作技巧讲解、易错点分析和纠正，助你充分理解动作，提高健身效率。

量化健身:原理解析　**量化健身**:动作精讲

家庭教育

亲子正念瑜伽

助力孩子成长、建立身心认知，使亲子共处变得更有趣、有意义。

动起来！

专业教练给孩子的体能课

全面的儿童体适能训练方案，详细讲解了提升体能素质的58个黄金动作。

你好青春期

心理学专家精选的50多个青春期心理咨询经典案例集，涉及孩子生活的方方面面，帮助读者更好地应对孩子的青春期。

陪孩子走过青春期

让家长和孩子度过开心快乐的青春期。

拥抱抑郁小孩

15个练习带青少年
走出抑郁

15个亲子互动工具组成的一套抑郁应对方案，帮助孩子一步一步调整情绪、转变想法、改变行为。

从我不配到我值得

帮孩子建立稳定的价值感

畅销书《打开孩子世界的100个问题》作者新作！帮助孩子建立稳定的内在坐标，打开孩子的自爱之门。

我是妈妈更是自己

活出丰盛人生的10堂课

每一个妈妈都值得先照顾好自己！系统家庭治疗师写给妈妈的成长路线图。

立足未来

今天的孩子如何应对
明天的世界

2023年中国创新教育年会年度十大推荐好书。帮助孩子们准备好应对快速变化且充满挑战的未来世界的必读书，提供了青少年立足未来的成长路线图。

成功/励志

像高手一样发言

公式+图解，解决公务员(体制内员工)当众讲话的七类难题。

像高手一样脱稿讲话

模拟场景+鲜活案例+口诀公式，系统、全面、专业的方法，助你轻松脱稿讲话。

FRIENDS
Understanding the Power of our Most Important Relationships

理解友谊的力量

友

朋友

理解友谊的力量

“150定律”提出者罗宾·邓巴关于友谊的最新研究成果；你在友谊中可能遇到的任何问题都会在这里找到答案。

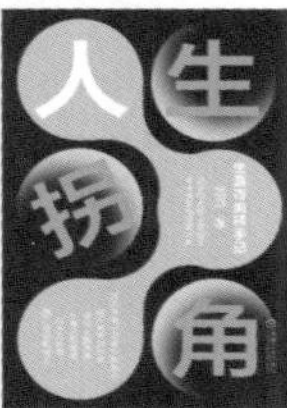

人生拐角

生涯咨询师手记

本书是一位资深生涯咨询师多年咨询经验的呈现，也是对人生拐角这块指示牌的破译。

富足人生

智慧进阶的十二堂课

富足是一种持续追寻的状态；富足的状态是有迹可循的。12个工具，助你找到富足状态。

非凡心力

5大维度重塑自己

心力是一个人最底层的素质技能，是决定成功和幸福的最关键能力。

卓越关系

5步提升人际连接力

所有烦恼都是关系的烦恼。一切“为”你而来，而非“冲”你而来。变束缚为资源，化消耗为滋养。构建和谐关系，绽放完美自己。

如烟女士去做生涯咨询

本书以一位典型职场人士在青年时期的实际生活案例为主线,详细介绍了应对不同生涯问题的解决思路及十七个实操工具。

职业重塑

四步完成生涯转型

助你找到正确职业方向，用更短的时间走更合适的路。

家庭教育

户外探索教育系列工具卡

《森林实践活动指南》
《儿童户外探索活动指南》
《体验式教育经典游戏》

汇集一线创新教育机构精选的172项户外探索教育活动项目，国内首套能拉近孩子与自然关系的便携实用工具卡。

状元学习法

全书汇集十余位清华北大的状元在学习习惯、学习方法、目标管理等方面的优秀经验做法，包含4本书和30节视频课。

儿童情绪自控力工具箱

美国“妈妈选择奖”获奖图书，引导孩子通过101个易用、有趣的小工具和小方法科学地调节情绪。

超会学习的大脑

中学生备考学习法
（学习套盒）

英国教育学家×香港中文大学心理学博士联袂打造，一套游戏化、可互动的学习大脑升级方案，帮你快速成为学习高手。

套盒

打开孩子世界的100个问题

德国儿童与青少年心理学家写给父母和孩子的亲子沟通游戏书。100个脑洞大开的问题，开启一场亲子真心话、大冒险。

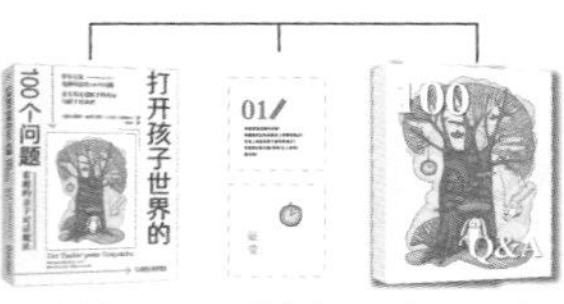

图书　互动卡片　成长记录本

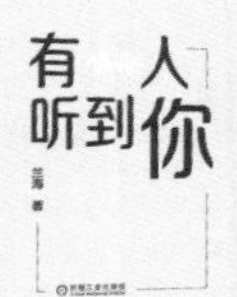

套盒

有人听到你

超级育儿师兰海凝练的实用家庭教育指南！为家长和孩子各自配备专属读本，围绕15个经典问题，帮助中小学生家庭解决实际问题，改善亲子沟通。

成功/励志

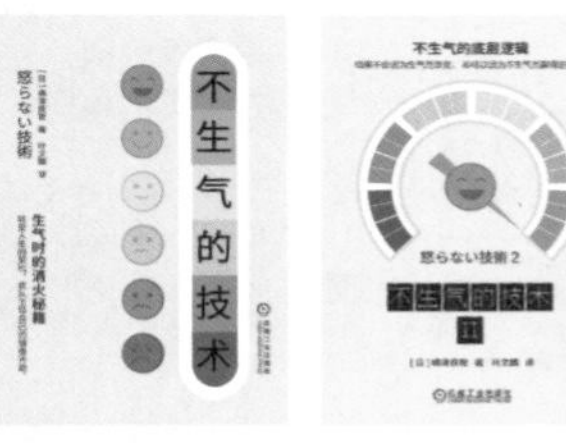

零基础练就好声音

一开口就让人喜欢你。

不生气的技术　　不生气的技术II

生气时的消火秘籍+不生气的底层逻辑。系列狂销100万册，转变人生的契机，就从主导自己的情绪开始！

LEARN LIKE A POLYMATH 快速跨专业学习

快速跨专业学习

4种知识迁移能力+5种解构知识方法+5种学习思维，助你快速成为具备跨专业学习能力的博学之人。

ACE YOUR EXAMS, TESTS, & QUIZZES 快速通过考试

快速通过考试

本书分为考试前中后三大部分，涵盖学习方法、考试策略、考试技巧等，助你快速通过考试。

快速学习专业知识

本书从学习状态、收集和吸收信息、科学记忆法等六方面展开，告知读者如何快速学习专业知识并成为一个领域的专家。

SPEED READ ANYTHING 快速阅读

快速阅读

7种预读方式+5种速读方法+5种记忆技巧，助你提升注意力，养成快速阅读的习惯。

快速掌握新技能

能让你更快速、深入和有效学习的各种工具和技术，八大板块打造学习闭环。

THE STUDY SKILLS HANDBOOK 快速掌握学习技巧

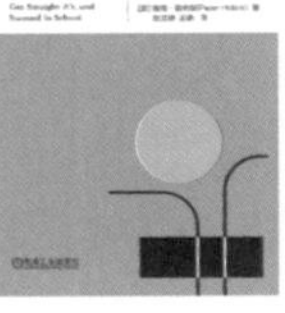

快速掌握学习技巧

4种课堂学习法+6种精通学习方式+7种时间管理法+8种记忆方法+5种应对考试策略，助你从容学习。

少儿成长

学汉字有方法

3000个常用汉字，15个识字主题，全拼音标注，趣味翻翻卡，通过童谣、成语、字谜、识字小游戏，帮助孩子轻松跨过识字关，早一步开启独立阅读！

瑞莉兔魔法有声英语单词

日常情境翻翻游戏，100面语音卡，智能双语插卡机，乖宝宝英语学习的好帮手。

瑞莉兔双语情境翻翻书（全四册）

42个主题场景，800个中英文词语，乖宝宝英语启蒙好朋友。

好玩的成语解字胶片书（全四册）

这既是一套从语文课本里精选出来的成语书，也是一套通过成语学习汉字的趣味胶片游戏书！

瑞莉兔奇妙发声书（全四册）

柔和美妙又有趣的声音，带给小宝宝们新奇的“视+听”阅读体验。

幼儿情景迷宫大冒险（共6册）

6大主题：自然、城堡、童话、人体、海洋、太空。挑战眼力和脑力！

我们的传统节日

春、夏、秋、冬

著名民俗学专家写给孩子的传统节日绘本，包含了春夏秋冬四季中的16个节日，配以童谣、字谜以及小手工游戏，让孩子轻松了解和传承传统文化。

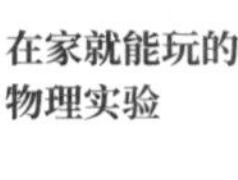

在家就能玩的物理实验

专为6~12岁的儿童设计，附赠材料包，带你一起玩一系列有趣的科学实验。

少儿成长

小手按读
巧学汉字Aipad

600个生字，600多个组词，用思维导图的方法学习汉字！

汉语拼音
点读AIpad

学龄前和小学阶段孩子适用，汉语拼音学习全套解决方案！

小手按读
逻辑数学AIpad

80张卡，1150道题，承接幼升小数学启蒙的发声学习机。

瑞莉兔
专心静静贴
（全四册）

一套宝宝可以一个人玩的静静贴。

童眼识天下

实景图片，带孩子领略世界的丰富和多元。

小手玩大车
（全两册）

以酷车、工程车为主题，内含翻翻、抽拉、大立体等工艺，锻炼孩子的精细动作，提升手眼脑协调能力。

瑞莉兔有声场景挂图

哪里不会按哪里。操作简单，测试练习，早教学习小帮手。

军事天地 经典童谣 交通工具 三字经 建筑工地 英文儿歌
海洋馆 唐诗 动物园 认识数字

金色童书坊
（共13册
彩绘注音版）

用甜美故事浸润孩子的心灵！

成功/励志

冲突沟通力

破解冲突的4个步骤+不同场景的17个沟通技巧+生动鲜活的家庭故事，助你轻松掌握化解冲突的能力！

转化羞愧，绽放关系

全方位探索羞愧、愤怒、内疚等不良情绪，提供了大量转化不良情绪的方法和练习。

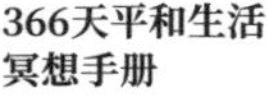

366天平和生活冥想手册

荣获著名的富兰克林奖！每天10分钟冥想，浸润非暴力沟通智慧，引导你走向平和生活，远离混乱和冲突！

安居12周正念练习

一套融合了非暴力沟通与正念冥想的核心智慧，在家就能轻松实践、持续成长的12周练习指南。包括小组练习、一对一伙伴练习和个人练习。

反驳的37个技巧

令人尴尬的话题如何反驳？本书为你提供了37个反驳技巧，既让对方能接受，又让自己心里畅快。

他人心理学

破解行为密码，解读他人心理，从小动作瞬间了解他人心理，成为社交达人。

与谁都能轻松融洽地聊天！

闲聊的50个技巧

“今天天气真好啊！”“是呀！”，然后再聊什么呢？本书会给你答案。

我的家人抑郁了

本书不仅是一本指导如何帮助家人战胜抑郁的实用手册，同时也是一本关心自己心理健康、预防抑郁的贴心指南。

这一步是要把问题和冲突带来的结果或影响展示出来，目的是帮助听众理解这一事件对人物、组织或情境造成的后果，继而引起听众重视，并积极寻找解决问题的方案。

比如，你可以说："如果我们不能及时解决以上这些问题，很可能会导致项目失败，引发客户不满，最终影响公司的形象和业绩。"

SCI 模型在很多场景中都能应用，比如演讲、会议、问题解决等场景中，帮助你将各类信息组织成为一个引人入胜的故事，并清晰地传达出问题、挑战以及可能造成的影响，从而促使听众尽快做出决定。

学会"三明治"沟通法——EEE 模型

有时你可能担心自己在沟通时过于直接，或者话说重了，会伤害到对方，但不说又不能解决问题；或者你想说服对方为你做一件事，但这件事很难，对方不愿意答应。这时，你就可以考虑运用"三明治"沟通法，即鼓励（Encourage）、扩大（Expand）、再次鼓励（Encourage），也称 EEE 模型。之所以称其为"三明治"

沟通法，是因为三明治的上下两层是面包，吃起来可口、好消化；中间部分的馅有营养，但比较难消化，这也是表达时最核心的观点——有好处但可能不中听。

我同样用举例的方式，帮助大家掌握这一沟通方法。假如你需要说服同事帮你完成一项工作，为此他要牺牲休息时间，加班好几天才能帮你完成。那么，你应该如何利用“三明治”沟通法说服对方呢？

第一步：鼓励并肯定对方的能力（Encourage）

你要先说出自己欣赏对方的地方，并给出理由。

在以上案例中，你可以先跟同事介绍一下你想让他完成的这项工作的情况，并真诚地肯定他的工作能力和工作态度。比如，“我一直都很欣赏你的工作能力，上次那个项目就多亏你，最后才顺利地‘搞定’。”

第二步：委婉地提出核心建议或要求（Expand）

这一步是为了扩大对方的视角，让对方知道，要解决问题还有其他方式可以选择，或者还有其他事情是对方可以做的。这里要注意一点，就是不要用“但是”，可以用更中性的词如“而且”来代替。

比如，在肯定了同事的工作能力和工作态度后，接下来你就可以告诉对方，现在有这样一项工作，需要他来帮你完成，而且这项工作对整个团队、对同事本人，以及对你自己，都是一件很重要的事。

第三步：再次鼓励和肯定对方（Encourage）

这一步是重申对方做得好的地方，让对方感受到你对他的欣赏、信任和支持，并愿意接受建议，做出改进。

比如，你鼓励对方说，这件事他一定可以完成得很好。等他完成后，你还会好好感谢他；或者以后他有类似的事情需要帮忙时，你也会全力相助。

“三明治”沟通法就是把你最想表达的内容放在中间，当你表达不太好听的观点，或是对别人提出批评时，都可以使用这一方法。它要比直接表达的方式更委婉，也更容易让人接受，因此特别适合上司对下级工作的反馈、老师对学生的批评指正、朋友或同事之间相互提意见时使用。

真诚、有细节地赞美——FFC 模型

FFC 模型是一种真诚、具体、有细节的赞美沟通法，特别适合给予他人正面反馈和表扬的情景。它分为感受（Feeling）、事实（Fact）、比较（Compare）三步，这三步结合起来运用，就形成了富有影响力的赞美或感谢的表达方式。

比如，你是一位项目经理，要在团队成员面前表扬一位表现优秀的队员，号召大家向他学习。

第一步：真诚地表达自己的感受（Feeling）

用真诚、细腻的语言表达对方带给你的感受，让对方知道你对他的某种行为或特征有着正面的反应。这也是后面要进行赞美的起点，可以迅速拉近与对方的关系，赢得对方的好感。

在上面的案例中，你就可以对对方说："我注意到你在最近的项目中表现出色，我感到非常高兴和自豪。"

第二步：陈述事实证明自己的感受（Fact）

你可以列举一些具体的事实或例子来支持你的感受，可以是对方的行为、成就，或是对对方特质的具体描述，让你的赞美更加具体而真实。

比如，可以用这样的事实表述你对团队成员的欣赏，"你在解决技术难题方面非常有创意，不仅数据准确，而且分析深入，提供了十分清晰的见解。"

第三步：与参照物对比，突出差异（Compare）

适当对比是为了突出差异，强调对方的独特性或优越性。对比的对象可以是自己，也可以是别人，可以是直接的，也可以是间接的，目的都是要突出对方的特殊性和价值。

比如，你告诉对方："与其他团队成员相比，你独特的技能和解决问题的能力，让你成为我们团队中的佼佼者。"

通过运用FFC模型进行沟通表达，你的赞美不但显得真诚而有说服力，还能让对方明确地知道自己做得出色的地方，以及他相较于别人或过去所表现出来的优势。

美国著名哲学家亨利·戴维·梭罗说："世界上有一首最动听的歌——赞美，这也是世界上最美丽的语言。"FFC模型赞美法就是让人心生愉悦的沟通秘籍，如果善于在日常运用起来，你的沟通效率会大大提高。

接纳别人的情绪——FOSSA模型

在人际交往中，我们经常会遇到他人情绪爆发的情况，这时如何安抚对方的情绪，就是沟通的关键所在。而FOSSA模型就是让你在跟别人沟通时，学会安抚、理解并接纳对方的情绪，然后再寻找解决问题的办法。

FOSSA模型主要包括五个步骤，分别为表达感受（Feeling）、确认目标（Objective）、描述现状（Situation）、解决方法（Solution）和采取行动（Action）。接下来，我就用一个例子来解释一下如何在沟通中运用FOSSA模型。

假如你的同事最近在工作上遇到了一些麻烦，他感到很沮丧、无助，你就可以运用FOSSA模型来进行安抚，并帮助他寻找解决问题的方法。

第一步：认同并表达出对对方感受或情绪的理解（Feeling）

你可以真诚地对对方说："这件事让你很头疼吧？我也感到很担心，很理解你现在的心情。"

这是FOSSA沟通模型的第一步，也是最关键的一步。在这个阶段，你需要清楚地向对方表达自己的感受，而不是指责、嘲笑，或是用一副无所谓的态度与对方沟通。先确保沟通双方能够理解对方的情绪状态，才是建立基于理解和尊重的对话基础。

第二步：与对方确认希望达成的目标（Objective）

在这一步，我们明确自己与对方沟通的目的，就是与对方一起解决问题，而不是互相指责。

比如，你可以这样对对方说："我觉得我们可以一起探讨一下，怎么解决你工作中遇到的问题，让你重新找

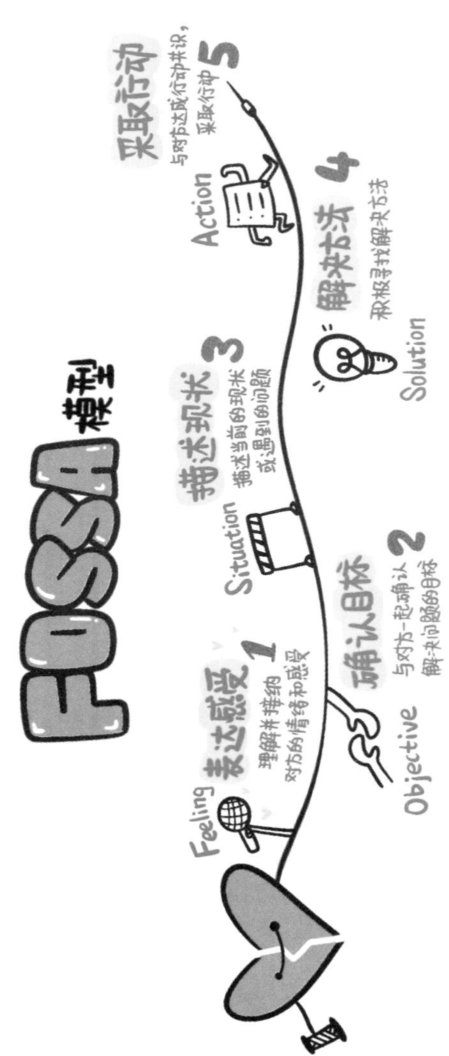
FOSSA模型
Feeling
表达感受
理解并接纳对方的情绪和感受
1
Objective
确认目标
与对方一起确认解决问题的目标
2
Situation
描述现状
描述当前的现状或遇到的问题
3
Solution
解决方法
积极寻找解决方法
4
Action
采取行动
与对方达成行动共识，采取行动
5

回工作的动力和信心。”

如果对方向你表达他心里的想法或希望达成的目标，你要耐心倾听并表达理解，尊重对方的观点和感受，不要对对方的想法或目标进行批评。

第三步：描述当前的现状或探讨面对的问题（Situation）

客观地描述当前遇到的情况和问题，比如，“现在的情况是，客户正在催项目进度，大家需要今天给出项目方案和初步行动规划。”“现在的关键问题是，你要怎么在最短的时间内修改项目方案……”

这样的描述既客观陈述了事实，避免了指责，又明确指出对方需要改进的地方，为下一步寻找解决问题的方法奠定了基础。

第四步：积极寻找解决问题的方法（Solution）

这一步就是要确认一下，在当前的条件下，双方可以做哪些事情来解决问题。你可以在这一步向对方提出自己的想法，比如，“所以我想，接下来我们是不是应该先集中精力，一起把项目方案修改好，你觉得如何？”

这种表达方式不仅提供了解决问题的方向，还让对方一起参与解决问题，增加了解决方法的可行性和接受度。

第五步：达成共识并采取行动（Action）

做好前面四步沟通后，最后这一步就是要确定具体的行动计划，比如分配任务，明确每个人的责任等，可以这样说："那我们就先讨论一下前一版方案中的问题吧，看看哪些环节是客户不认同的……"

同时，你也给对方一些积极的鼓励，如，"相信通过我们一起努力，问题一定会顺利解决的，加油哦！"

FOSSA 沟通模型为我们提供了一个系统化的方法来改善与他人的沟通。通过关注感受、明确目标、描述现状、寻找解决方案和制订行动计划等，我们不仅能安抚对方的情绪，还能积极协助对方找到解决问题的途径。

本章要点小结

强调观点或结论先行的 PREP 模型

该模型包括 Point（观点或结论）、Reason（依据）、Example（实例）和 Point（重申观点或结论）四步：

- 明确表达观点或论点；
- 提供支持观点的依据；
- 提供实例或例证证明观点或结论；
- 再次强调观点或结论，加深听众记忆。

聚焦事实的 FIRE 模型

该模型包括 Facts（事实）、Interpretations（解读）、Reactions（反应）和 Ends（结果）四步：

- 客观、公正地阐述事实；
- 对事实做出相应解读；
- 做出恰当的情绪反应；
- 表达双方共同期望的结果。

用故事传达问题的 SCI 模型

该模型包括情境（Situation）、冲突（Conflict）和影响（Implication）三步：

- 描述故事的具体情境；
- 提出面临的挑战或冲突；
- 展现冲突或问题带来的影响。

“三明治”沟通模型（EEE 模型）

该模型包括鼓励（Encourage）、扩大（Expand）和再次鼓励（Encourage）三步：

- 鼓励并肯定对方的能力；
- 委婉地提出核心建议或要求；
- 再次鼓励和肯定对方。

真诚赞美的 FFC 模型

该模型包括感受（Feeling）、事实（Fact）和比较（Compare）三步：

- 真诚地表达自己的感受，拉近与对方的距离；

- 陈述事实证明自己的感受；
- 与参照物对比，突出差异。

接纳情绪的 FOSSA 模型

该模型包括表达感受（Feeling）、确认目标（Objective）、描述现状（Situation）、解决方法（Solution）和采取行动（Action）五步：

- 理解并接纳对方的情绪和感受；
- 与对方一起确认解决问题的目标；
- 描述当前的现状或遇到的问题；
- 积极寻找解决方法；
- 与对方达成行动共识，采取行动。

第三章

突出重点不啰唆——如何与领导沟通

与领导沟通，向领导汇报工作，快速明确地表达重点，这样既可以让你在短时间内引起领导的重视，又能确保关键信息有效传达，从而提高沟通的效率和准确性。

本章就是要教你在与领导沟通时如何避免啰唆、说不到重点等问题，突出重点，提高沟通效率，使你更好地赢得领导的信任。

说服领导的沟通方式

想要说服领导接受自己的观点可不是一件容易的事，但沟通高手总是能巧妙地找到说服领导的契机和方法。下面三种沟通方式，就是沟通高手在说服领导时的常用技巧。掌握它，你也可以轻松说服自己的领导。

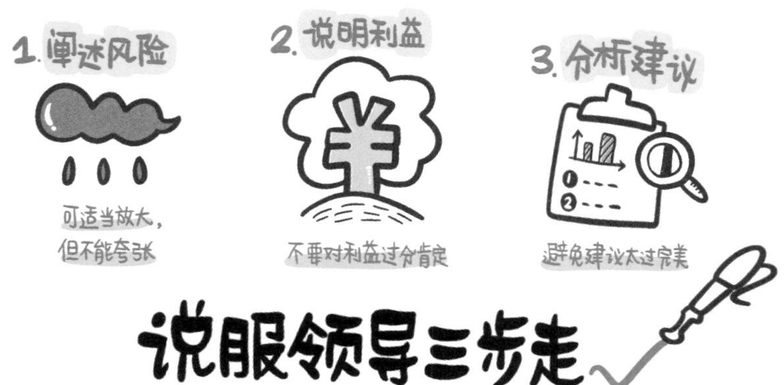

阐述风险

心理学家丹尼尔·卡尼曼和阿莫斯·特沃斯基曾提出“前景理论”，此理论指出：大多数人在面临获得时是风险规避的，也就是偏保守的选择；但同时，大多数人在面临损失时是风险偏爱的，愿意为此冒险。也就是说，人们对损失比对获得更敏感、更在意。

想说服领导接受你的建议，你就可以先从不接受你的建议所带来的风险入手，向领导阐述可能出现的风险，以引起领导的关注。

举个例子，你想说服领导在公司引入一套预算系统，直接跟领导说引入，领导可能不答应，这时你就可以先向领导解释，如果不引入预算系统，继续采取手工操作，有可能带来哪些风险。

比如，“李总，随着咱们公司规模的不断壮大，手工编制的预算效率已经越来越低了，出错率也在不断提高。另外，上次开会时，老板批评我们对预算的跟踪不够及时，分析也不够深入。如果不引入新的预算系统，仍然沿用手工处理，恐怕问题会越来越多。”

在阐述风险时，你可以适当放大风险，但不要太夸张，否则领导可能觉得你在故意制造焦虑，反而更不容易接受你接下来提出的建议。

说明利益

在引起领导重视后，接下来你就要详细阐述接受或采纳你的建议后所带来的利益。从之前抛出风险，降低对方心理阈值，再引出利益点，提高预期，会让对方更容易接受。

仍然以上面的案例为例，在跟领导阐述完风险后，接下来你就可以这样向领导说明利益，“引入预算系统后，可以大大提高预算编制的效率和准确性，预算跟踪会更及时，预算分析也能更深入，对财务部在预算管理方面的掌控力也更有助益。”

在这一步中，你只要稍微点出采纳自己的建议或方案后可获得的利益即可，让领导自己去对比，不需要把利益说得过分肯定。因为此时有了风险与利益的强烈对比，你的表达便有了冲击力，领导也会在心里认真衡量。

分析建议

这一步是提出并分析自己的建议或方案，你需要强调自己的建议或方案的优势。比如，“某供货商的预算系统可以满足我们公司的全部预算需求，而且它也是咱们行业里龙头公司的供货商。在预算系统实施过程中，该供货商还可以协助我司对各项业务流程进行优化。”这一步要尽量结合事实，增强说服力。

但有一点要注意，要增加建议或方案的可信度，你必须尽量避免自己的建议或方案太过完美，必要时还需要客观地分析一下方案的影响或不足。比如，“当然，引入预算系统也会产生一定的成本，一是系统收费较高，二是搭建周期较长。”

最后，你再给出一个结论性的建议或方案，让领导自己衡量斟酌，如，“好在我们前期已经对此进行了充分的调研和准备，相信现阶段公司引入预算系统是利大于弊的。”

以上说服技巧逻辑清晰、层次分明，可以全面有力地展示你的论点，既指出了问题所在，又给出了具体的解决方案。为增强说服力，你在向领导传达信息时一定要做到清晰、准确，避免使用模糊或复杂的语言，最好使用一些具体的数据、事实或研究来支持你的观点，领导被说服的可能性才会更高。

汇报工作就四步

身为管理者，每天要关注的人和事很多。大部分管理者每天都处于信息超负荷状态，不可能关注到所有人每天做的每件事。在这种情况下，如何向领导汇报工作就成了职场人必备的技能。

关于如何汇报工作，很多人认为会说话、会表达、能说清就可以了。然而事实并非如此。想要高效地向领导传达信息，全面展现自己的工作成绩，你同样需要掌握一定的策略。

下面我就结合自己的工作经验，给大家推荐一套有效汇报工作的沟通策略，它主要分为四个步骤。

客观陈述重点

在向领导汇报时，先用一句话或几句话把你要汇报的最重要内容说出来。这部分内容可以是事情的结果、结论，也可以是对汇报内容的总结概括，或者是领导最关心、最感兴趣的事。

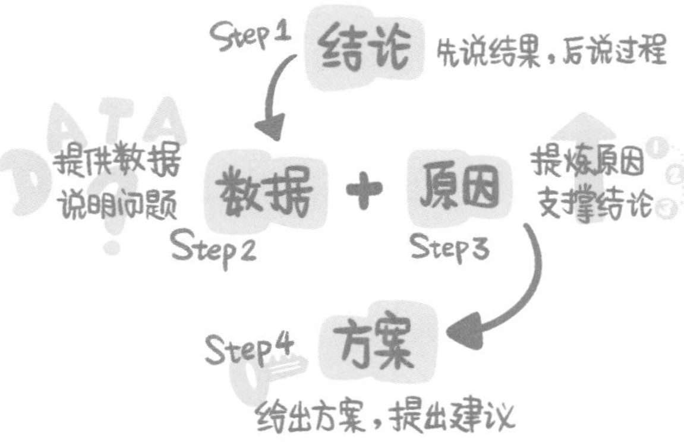

此前我在工作期间，有一次公司举行业绩通报会，会上，领导让销售人员汇报一下最近几个月销售额减少的原因。一位业务员是这样说的，“最近经济低迷，破产企业数量上升，这种情况恐怕还会继续，问题可能出在我们产品的价格和经营重点上……”

这时，领导突然打断他的话，“作为业务员，你连这点事都做不好吗？”

领导之所以突然失去耐心，就是因为这名业务员的表达既没有重点又缺乏逻辑，很像在推卸责任，不仅没有对解决销售业绩下滑问题提出建议，还可能影响领导对他的看法。

而另一位业务员是这样汇报的，“最近销售额下滑，是因为公司经营重点正在由廉价产品向高附加值的高端产品转移，定价策略发生改变，同时也会令客户群体发生调整。虽然销售额短暂下降，但利润仍维持在同一水平。”

在这位业务员的汇报中，“经营重点转移”就是汇报的核心观点，因为它直接指向销售额下滑的原因。而“定价策略发生改变”“客户群体发生调整”“利润不变”这些都属于论据，用以支撑“经营重点转移”这一核心观点。这样的汇报听起来显然更有说服力，领导也更容易接受。

在汇报时，先客观陈述重点的优势就是可以在最短的时间内迅速抓住领导注意力，让他对你汇报的内容产生兴趣，同时也能让领导很快把握住你所汇报的内容重点，继而更好地理解你汇报的内容。

呈现有效数据

数据可以将语言叙述的事实具体化、明确化，特别是当你需要向领导论述一个问题时，数据就显得更加重要。它可以精确地帮助领导衡量现状、说明问题，比直接的语言描述更有效果。

比如，你在电梯里偶遇领导，他随口问你："这个月你的工作怎么样？"如果你也随口回答："还可以。"那么，你很可能失去了一个展现自己的机会。

相反，如果你这样回答："这个月工作业绩还不错，目标是 200 万元的销售额，现在已经完成了 170 万元。下周还有一个有意向的客户，预计能签下 50 万元的合同。"

向领导呈现出这些具体有效的数据，既能让领导对你的工作情况和工作能力有具体的了解，还能向领导展现出你的专业性和细致性，增加领导对你的好印象。

提炼原因支撑

在给领导汇报完重点内容和结论后，你还需要提炼出两三个支撑结论的原因，并且这些原因中要有你自己的思考、分析和判断。如果你希望自己的结论能被领导支持，那么在原因上就要结合当下的业务环境、最近领导的工作要求和公司发展战略等来汇报，这样才更容易说服领导。

比如，某酿酒公司的主打产品菊花酒曾在全国糖酒展览会上多次获得金奖，但从今年开始，由于糖酒展览会的主旨和评价标准发生了变化，菊花酒不再参展。可是领导对这种情况了解并不多，询问你为什么菊花酒不再参展了。

这时，你就可以提炼几点原因向领导进行汇报，如，“过去在糖酒展览会上，参展产品要获得参赛资格都必须足够优秀。而我们的菊花酒因为品质上乘，才在展览中脱颖而出，获得金牌。但现在展览会的主旨和对酒类的评价标准都已发生变化，厂商只要付费就能参展，根本不在乎产品好不好，因此参展者良莠不齐，并且只要是排名前四分之一的都能拿奖。这样的展览就失去了酿酒师磨炼技艺的原意，是否参展也已经不再有意义。”

有了具体的原因支撑，你所汇报的重点内容就会更加突出，给领导的印象也更加深刻。

给出解决方案

工作的进展或项目的推进一定会遇到很多问题，在跟领导分析完原因后，还要提出自己的需求或问题的解决方案，把需要的资源及预期效果都讲清楚。千万不要只提出问题而不给解决方案，记住：公司招你进来是为了解决问题，而不是把问题直接抛给领导。

所以，在汇报的最后，一定要对你提出的问题给出一到两种解决方案，并说明每种解决方案的优势和不足，让领导来做选择题，而不是填空题。

分享总结三要点

分享总结是向上沟通的重要手段，分享总结做得好，不但能引起领导的重视，获得领导的肯定，还有可能因此而获得升迁。

怎样才能做好分享总结呢？

我给大家总结了三个要点，掌握这三点，你的分享总结就能引人注目。

分享总结三要点

提炼亮点
事实增量
价值增量
方法增量

有效对比
vs
旧方法的问题
新方法的好处

问题和总结
?&
问题归因分析・对比分析
角度转换

提炼亮点

分享总结的一大陷阱就是“事无巨细”，你越是想呈现价值，就越不能什么都往里加。因为领导听你的分享总结不是要检查你的工作量，而是要看你从目标出发的能力、看你的优先级意识，以及你对工作的分析复盘能力。

你只需要记住，在领导眼中，“亮点”就是你给出的增量信息，即事实增量、价值增量和方法增量，也就是你能给公司提供什么新的方法和新的经验。

比如，你是一名销售人员，在总结过去一年的工作成绩时，就可以简单分享一下自己拜访客户的经历和成果，并总结出几点感想和经验，接下来就要讲一讲新的一年你打算如何进一步拓展客户，如深度挖掘客户需求，有针对性地解决客户痛点；举办主题活动，吸引客户参加，等等。这些都属于你的增量部分，也是领导最想听的内容。

有效对比

有效对比就是把新的方法、经验、成绩等与过去的进行对比，找出旧的做法有哪些问题，强调新做法的好处，并且通过新旧对比提炼出有效的经验，供其他团队借鉴。

比如，你是一名财务工作者，在对自己的工作进行分享总结时，如果只陈述现在的事实是怎样发生的，如，“我启用了新的财务流程，这个财务流程是……”就无法让领导了解这套新的财务流程比原来的具有哪些优势。

但如果你换一种分享方式，“以前旧的财务流程出现了大量档案积压在审批员关卡的情况。现在我启用了新的财务流程，这套新版财务流程按照标准分为三种情况，可以有效消解档案积压的情况……”

这样一对比，领导马上就能明白新旧两版财务流程的差别，也了解了你的工作经验解决了哪些问题、产生了什么样的价值。

问题和总结

这一步主要是提出一些自己或团队在工作中面临的问题，并对问题进行总结。这里共整理了三种总结问题的方法：

第一，问题归因分析法

主要通过系统梳理问题发生的原因，归因于不同的影响因素，如人为因素、制度缺陷、环境变化等，并做出总结。

第二，对比分析法

将当前遇到的问题与历史经验或同行业其他案例进行对比分析，找出异同点进行总结。通过对比，你可以让领导更加客观地认识到问题的严重性，并吸取外部有益经验。

第三，角度转换法

在跟领导沟通时，学会站在不同角度和视角审视问题，可以帮助你更加全面地了解问题的来龙去脉。你可以从领导、同事、客户、竞争对手等角度分别思考问题的产生和影响，继而分享总结给领导听。

与领导沟通，这些细节要注意

以前大家经常说这样一句话："少说话，多做事。"其实在职场上，你要学会多说话，尤其要学会与领导沟通。但与领导沟通也要注意一些细节，否则不但不能解决问题，还会给领导留下不好的印象。

遇到不确定的问题，准备几个方案

工作中总会遇到一些自己不确定的问题，需要向领导请示。这时要注意，不要把问题抛给领导，等着领导去解决，而是事先准备好几个解决方案，拿去请示领导，让领导做选择，最后“拍板”。

我以前在上班时，有一次，公司产品出现问题，重要客户临时反悔，提出要终止合同。

员工A急匆匆跑去问领导，“领导，客户要终止合同，我们现在怎么办呀？”

员工B则在短暂思考后，列出了几个备选方案交给领导，“客户现在要终止合同，我们或许有这几种应急预案：第一，我们先向客户道歉，再适当降低条件，留住这个客户；第二，尽快找到产品问题根源，快速修正，让客户看到我们的诚心；第三，找公关公司平息网上舆论，再联系备选客户；除此之外，我们还可以……”

如果你是领导，相比之下，你认为哪个员工更能引起领导重视？

记住，不要一遇到问题就跑去请示领导，领导很忙，很多细节性问题他可能根本没时间和精力去考虑，你应该像案例中的员工 B 一样，带着几个备选方案给领导，让领导做选择题，而不是做填空题。

这两种问题不要请示

在工作中，不是所有的问题都需要请示领导，以我的经验，当你遇到以下两种问题时，最好不要去请示领导：

○具体执行上的问题不要请示

比如，公司来了重要客户，领导让你出去订一家酒店。这时，你可以请示他预算多少、人数多少、菜品口味等，但你千万不要去请示领导要去哪订、怎么订等问题，这些事情你要自己搞定，否则领导会认为你工作能力差，难以成事。

○比较开放性的问题尽量不要请示

比如，公司要筹办一场新产品宣发活动，领导让你出一份活动策划案，你可以在做好策划案后拿给领导看，并请示他，“领导，您看我这样做可不可以？”但是，你不能直接问，“领导，这个事情要怎么做？”

领导不是你在职场上的裁判，而是你的同盟者，你与领导是相互依赖、相互成就的关系。所以，在遇到问题时，先看看自己能不能处理、怎么处理，即使要请示，也要带着方案去请示。最重要的是，一定要明白什么事可以“止于自己”，既锻炼了自己解决问题的能力，又能给领导分忧解难，这样，领导才会赏识你、重用你。

本章要点小结

说服领导的沟通方式

阐述风险。即指出不采纳你的观点或方法会带来哪些风险；阐述风险时可以适当放大，但不要太夸张。

说明利益。即接受或采纳你的建议后所带来的利益。说明利益时不要过分肯定，要让领导自己衡量。

分析建议。即分析你的建议或方案的可行性。但要避免建议或方案过于完美，最好客观分析一下不足。

汇报工作就四步

第一步：客观陈述重点。也就是先用一句话或几句话把你要汇报的最重要内容说出来。

第二步：呈现有效数据。通过数据精确地帮助领导衡量现状、说明问题。

第三步：提炼原因支撑。原因要结合当下的业务环境、最近领导的工作要求和公司发展战略等来汇报。

第四步：给出解决方案。即提出自己的需求或问题的解决方案，讲清需要的资源及预期达到的效果。

分享总结三要点

第一个要点：提炼亮点。也就是展现你的增量信息，即事实增量、价值增量和方法增量。

第二个要点：有效对比。即把新的方法、经验、成绩等与过去的进行对比，提炼出有效经验。

第三个要点：问题和总结。即提出自己或团队在工作中面临的问题，并对问题进行总结。

与领导沟通时，以下细节问题要注意

遇到不确定的问题时，多准备几个备选方案提交给领导，让领导做“选择题”。

有两种问题最好不要请示领导：一种是具体执行上的问题不要请示，另一种是比较开放性的问题尽量不要请示。

第四章

刚柔并济有效果——如何与下属沟通

身为管理者，与下属的沟通绝不是聊天和谈工作这么简单。与下属沟通的最大目的，就是要通过沟通充分调动下属的工作热情和积极性，使他们的潜力得以最大限度的发挥。

然而，在现实生活中，上下级出现沟通问题屡见不鲜。本章内容就是教你如何有效地与下属沟通，通过刚柔并济的沟通方式，了解下属的观点、态度和价值，从而有效地给下属下达命令，帮助其在工作中实现价值。

如何给下属下达指令

我的很多朋友在管理业务团队时，经常会有这样的困惑：为什么给下属布置任务时，他们总是没干劲呢？

我告诉他们说："其实你的下属是有干劲的，真正让他们没有干劲的，是你下达指令的方式不对。"

下达指令的八个要点

朋友经常会跟我讨论一些沟通问题，尤其是一些担任管理者的朋友，他们很想知道如何给下属下达指令才最有效。我总结了八个要点推荐给他们，在这里也分享给你。

要点一：遵循 5W2H 原则

5W2H 原则主要包括七个方面：What（做什么），Why（为什么这么做），When（什么时候做），Where（在哪里做），Who（谁来做），How（如何做），How much

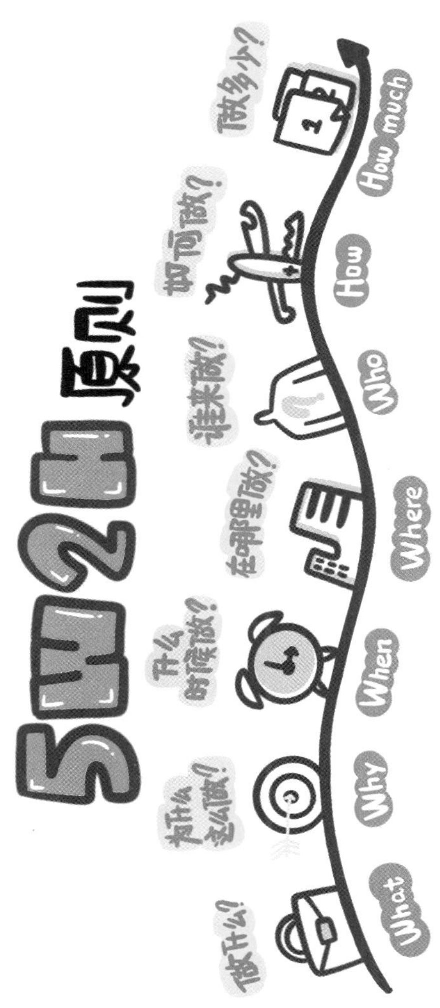
5W2H原则
做什么?
What
为什么这么做!
Why
什么时候做!
When
在哪里做?
Where
谁来做!
Who
如何做?
How
做多少?
How much

（做多少）。

在给下属下达指令时，你就可以遵循这个原则，即清晰地告诉下属这个任务是什么、为什么要做、什么时候做、在哪里做、由谁来做、如何做以及做到什么程度。

比如，你给你的秘书下达了这样一条指令，“小张，请你将这份调查报告复印两份，在下班前送到总经理室交给总经理。请留意复印的质量，总经理要带给客户参考。”

这条指令就遵循了5W2H原则，即What（复印调查报告）、Why（总经理要给客户参考）、When（下班前）、Where（总经理室）、Who（小张）、How（复印品质好的副本）、How much（复印两份）。

要点二：激发下属的意愿

你可以告诉下属这项任务的重要性，并展示顺利完成任务后的成果和奖励，以此激发下属完成任务的意愿和积极性。

比如，“小王，这次项目投标能否成功，将决定我们公司今年在总公司的业绩排名，对公司来说至关重要。希望你能竭尽全力，争取成功！”

要点三：态度尊重，用词礼貌

虽然你是领导，在给下属下达指令时仍然要保持平等、尊重的姿态，礼貌友好地分配任务，而不是以势压人，更不要命令训斥。

比如下面这两条指令：

“小李，赶快把文件送去复印一下，干什么都磨磨蹭蹭的！”

“小李，麻烦你把文件送去复印一下，最好能稍微快一点！”

两种态度，下属的感受完全不同，第二种说法显然会让下属感到自己更受尊重。

要点四：确认下属已经理解

指令下达后，你还要与下属进行必要的沟通，确保下属已经完全理解了你的指令内容和要求，有效避免理解上的偏差。

比如，“小李，请你再给大家复述一下这次任务的要点吧！”

要点五：你能为下属提供的帮助

在下达指令的同时，你还要告诉下属，你能为他们做些什么、能为他们提供哪些帮助，从而增强他们的信心和动力。

比如，“关于这次活动的预算情况，我已经与财务部门协调好了，他们会提供一些必要的报表给你。”

要点六：相应的授权

要让下属知道，他们可以做出自己的决定，而不是每一步都必须向你汇报或请示。

比如，“这次展示会交由你负责，关于展示的主题、地点、时间、预算等，请你先做一份详细的策划，下周你选一天，我们来听取一下你的计划。”

要点七：允许下属提出问题

虽然是你在下达指令，但也要允许下属提问，并耐心地给予解答，以便他们更好地理解任务。如果下属没有主动提问，你也可以主动询问下属有什么问题或意见。

比如，“小王，关于这个投标方案，你还有什么意见和建议吗？”

你也可以采纳下属提出的一些有效意见，如，“关于这一点，你的意见很好，就照你的建议去做。”

要点八：积极辅导下属，共同解决问题

如果下属对任务仍然不理解，你要根据实际情况给予他们必要的辅导和支持。尤其当下属遇到问题和困难，

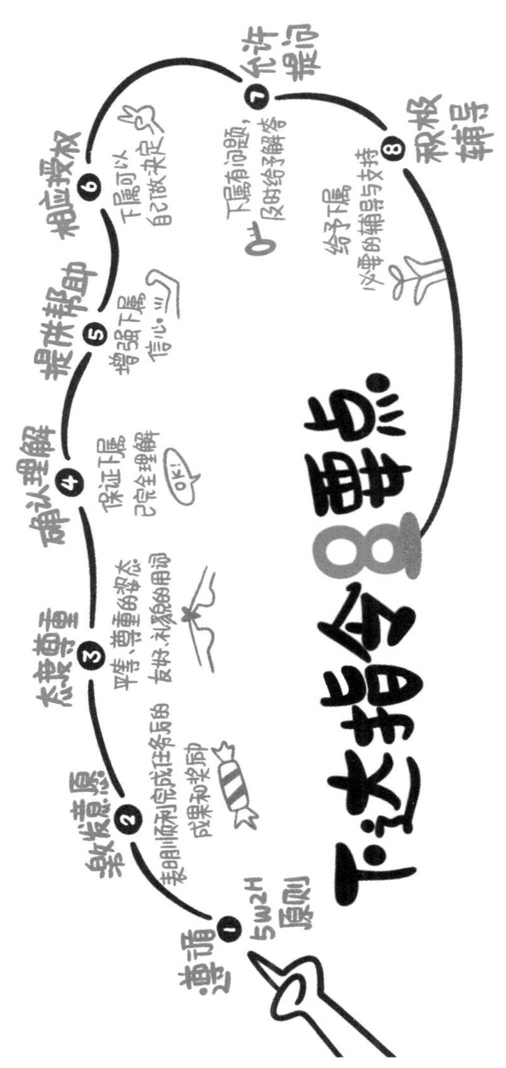
下达指令8要点
1 遵循
5W2H原则
2 激发意愿
表明顺利完成任务后的成果和奖励
3 态度尊重
平等、尊重的姿态
友好、礼貌的用词
4 确认理解
保证下属已完全理解
OK!
5 提供帮助
增强下属信心
6 相应授权
下属可以自己做决定
7 允许提问
下属有问题，及时给予解答
8 积极辅导
给予下属必要的辅导与支持

希望你协助解决时，你更不能推卸责任，而是积极为他们提供辅导，和下属一起分析问题、探讨状况，尽快找到解决方案。

比如，“我们了解了目前的状况是这样的，接下来我们一起讨论一下该怎么做？”

上述这八条传达指令的沟通技巧，可以提升下属接受指令、执行指令的意愿，你的方案和指令也才能被下属积极执行，你的部门才会被下属感觉到是一个开放、自由、受尊重的工作环境。

面对不配合的下属如何沟通

作为领导，在工作中遇到不配合的下属是很常见的事，同时也是很棘手的事。如果针锋相对，很容易激发双方矛盾；视而不见，又容易削弱领导权威。

在这种情况下，你只需要记住以下四点沟通技巧，问题基本可以迎刃而解。

○记录客观事实，只对事不对人

记录下你跟下属每次发生冲突的原因、他的行为导致的后果，或者是对项目、团队产生的影响，之后用工作事实与对方沟通，并在沟通中确保自己是客观的、理性的，而不是带有个人情绪或主观臆测的。

比如，你要求下属在一个月内上线 A 项目，对方却说："王总，您可能刚上任还不清楚，以前领导都给我们至少三个月的时间，一个月上线是不可能的！"结果 A 项目因为下属的拖延花费了更长时间，影响了后期项目的推进。

这时，你与其指责对方懈怠工作，不如以事实依据告诉对方，"原本计划一个月完成的 A 项目，因为超时，导致与 B 项目撞期，资源无法合理分配，最后造成了巨额损失。"这样可以让对方主动认识到自己的错误，而不会认为你是故意针对他。

○避免当众"硬刚"，事后及时沟通

尽量避免在同事面前与下属发生冲突，这种"硬刚"或许能让你利用管理者的身份出一口气，但并不能从根本上解决问题，只会让局面更僵。你可以选择和下属单独约一次会谈，抱着解决问题的态度，与对方进行真诚的沟通。

比如，"我对这个项目的想法是这样的……现在我想

听听，你有什么好的建议或想法，可以让我们的项目更顺利地推动？”

○共建工作目标，定期做好复盘

作为领导，你需要耐心倾听并重视下属意见，了解他们的行事目的和目标，然后结合部门目标，与下属共建目标与评估标准，并定期与下属进行一对一的复盘调整，让下属感觉到你在提供支持和帮助，并不是要驯服他，而是希望彼此成就。

○设定相应底线，做好最坏打算

你在经过上述努力后，可能依然收效甚微，那就要做好最坏打算。如果你仍然认同对方的能力，自己就要稍作退让；但如果他已经影响大局，你就要采取进一步的措施了，比如调整团队架构、晋升其他下属，与对方沟通他未来在公司的职业路径的可能性，并进一步强调你做出奖惩的依据，等等。如果对方仍然我行我素，并且是可以取代的，你不妨与人事主管或上级沟通下一步该如何进行。

总之，任何事情，态度对了，事情就对了一半。管理下属，与下属沟通，既要学会放下姿态，又要做到有理有据，宽严并济，才能看到效果。

与下属商讨问题时巧妙激发其战斗力

与下属商讨问题，目的是提升下属的参与度，从下属那里获取信息，并让下属感受到被尊重和被信任，以激发其工作的主动性和积极性。

如何在与下属商讨问题时，巧妙地激发他们的战斗力呢?

接下来我介绍三个技巧：

有准备，多倾听

一些管理者总认为下属提出的问题幼稚，轻视下属的参与意识；或者认为自己对问题已经有了答案，根本不需要与下属商讨；又或者认为下属要和自己商讨的问题根本就不是下属该关心的事，不能以诚恳的态度对待。

以上这些态度都是错误的。要激发下属的工作参与

领导全程表达
下属只能听着
下属积极表达
领导耐心倾听

感和战斗力，你需要有让下属多参与工作商讨的心理准备，并要带着足够真诚和包容的态度倾听下属的表达。即使下属的一些想法可能不那么正确，或者与你的想法不一致，也要耐心倾听。有些时候，下属不配合领导工作，是因为他们有未被满足的诉求，而倾听则可以帮你深入了解他们的内心诉求，继而更有针对性地寻找让他们更加积极工作的方法。

多发问，多鼓励

有些领导也会询问下属问题，但我经常听到一些领导这样问下属问题：

- “这个计划怎么还没有推行？”
- “进展这么慢怎么不知道汇报？现在你说该怎么办？”
- “这个问题跟你强调多少次了？怎么还犯同样的毛病！”

这些发问方式不但不能激发员工的积极性和战斗力，还会让员工心生不满。

高手领导者也会在跟下属商讨问题时发问，但他们的发问方式是这样的：

- “你怎么看待这个问题？”
- “你认为应该如何解决？”
- “还有更好的解决方法吗？”

注意，在下属思考和回答的过程中不要打断，防止下属揣摩你的态度倾向，根据你的倾向回答问题，致使你不能获得有效信息。

在下属表达完后，不管是否符合你的期望，你都要先鼓励，然后再提出建议，如：

- “你的意见很不错，我还有一个建议……”
- “你思考得很全面，你看这样是不是更好一些……”
- “你提的这几点很重要，我们再想想其他的点……”

领导的鼓励相当于对下属表达的认同，可以激励下属更加积极地参与讨论，而必要的建议又能帮助下属更全面地认识和了解问题，提高团队合作效率。

领导不会问
怎么办?!
下属不愿答
领导会发问
你怎么看?
下属积极答

做到“三不要”

与下属商讨问题，免不了会有不同意见出现，这时你要注意做到“三不要”。

○不要做指示

你应该抱着与下属一起探讨问题的态度，寻找解决方案，而不是直接说出自己的看法，要求下属执行，或者直接指示下属该怎么做，那样探讨就失去了意义。

○不要评价下属

不论下属本人平时工作能力如何，或者有哪些优缺点，你都不要评价下属，更不要打着“活跃气氛”的幌子，把下属一些“短板”随口说出来。这看似开玩笑，其实是对下属的不尊重。下属表面不说什么，心里却很不爽，在发表意见或观点时也会有所保留。

○不要替下属下结论

既然是跟下属商讨问题，就不要急于替下属下结论，否则会影响下属的思考和发言。你可以引导下属积极寻找解决问题的方案，帮下属分析每个方案的利弊，但具体选择用哪种方案，应由下属自己决定。

厉害的领导都会与下属谈心

作为领导，不能每天只关注业绩，或者只会评价下属能力的强弱，还要学会与下属谈心，帮助下属疏导在工作中遇到的“心理干扰”。我认识的那些厉害的领导，个个都非常善于与下属谈心。

与下属谈心是一种双向沟通，想要真正理解下属的所思所想，关键在于你要学会提问。下面五个疑问句，就能帮你轻松驾驭沟通。

五个疑问句，帮你驾驭沟通

第一个疑问句：“发生了什么事？”

当下属遇到问题，比如心情不好、工作效率低、突然提出辞职等，你需要跟下属进行沟通。这时，你的一句“发生了什么事？”通常可以让下属定下心来，厘清头绪跟你汇报，让你了解到事情的基本全貌。

需要注意的是，即使下属跟你汇报了，你也要自己去确认一下信息的真实性和准确性。

第二个疑问句：“你怎么看？”

这个问句可以帮你了解下属的“心理干扰”，也是你引导下属进行独立思考和分析问题的关键。同时这也让下属知道，你很重视他的意见和看法，从而帮助下属打开心扉。

第三个疑问句：“你都尝试了哪些方法？”

这个问题是让下属知道，他对这件事是有责任的。下属在回答这个问题时，也可以让你了解到他为这件事做了哪些努力，以及关于这件事的更多信息。

第四个疑问句：“你需要哪些帮助？”

当你了解了所发生的事，也听到了下属的想法，同时也知道下属已经试过了哪些方法，接下来就可以询问下属是否需要帮助。

很多时候，下属的惯性思维都是“给失败找理由”，而你作为领导，应该引导下属反向思考，让他为成功找资源。这个问题就是在告诉下属，要解决这个问题，你可以为他提供相应的支持和资源。有时下属容易掉入具体的细节陷阱中，你要将他拉出来，引导他从全局看问题。在下属看来无法解决的难题，也许对你来说并不难。

第五个疑问句：“还有吗？”

下属会随着你的提问进行回答，在每次回答完后，你都要追问一句“还有吗？”，这样可以促使下属想起更多与这件事有关的信息或想法。有时下属在欲言又止的那一个瞬间，你的一句“还有吗？”，也会使他把犹豫要不要说的信息说出来。

举个例子，一名优秀的下属突然向你提出辞职，你需要与这位下属谈心。

首先，你可以这样问：“为什么突然要离职？是遇到了什么事吗？”

如果下属跟你说，自己有新的职业规划，现在的工作不符合自己的职业规划。那么接下来你可以问出第二个问题：“对于职业规划这个问题，你是怎么看的？”

在下属做出回答后，你可以继续问第三个问题：“对于未来的职业规划，你都做了哪些尝试？”

当下属说出自己未来的打算，以及要成为什么样的人时，你可以继续问：“你想成为这样的人，你觉得自己还可以从我们公司学到什么？你想要哪些帮助？”

最后再用“还有吗？”引导下属尽可能表达出自己内

与下属谈心的5个疑问句
领导
下属
发生了什么事？
厘清思路，积极汇报
你怎么看？
独立思考，分析问题
你都尝试了哪些方法？
做过努力，承担责任
你需要哪些帮助？
寻找方法，解决问题
还有吗？
放下顾虑，敞开心扉

心的所思所想。

通过以上五个问题，你就能基本了解下属突然提出离职的原因。如果想留住下属，你也需要为他提供相应的帮助和支持，帮助他解决心理干扰，让其重新投入到工作当中。

跟下属谈心的关键

作为领导，与下属谈心时不能自顾自地输出，而是要多倾听、多引导对方表达。通过开放、有力的提问，帮助下属厘清当前所面临的问题和自己的思路，打开原有的视野和惯性思维，看到新的、更大的可能性。

这时，你需要注意三个关键问题：

○善于营造轻松的沟通气氛

轻松的沟通气氛可以让下属表达更多，也能让你获得更多有效信息。因此，在跟下属谈心时，你可以与下属侧面相对，或者边走边聊，以减少下属的紧张感。

在下属表达时，你还要用微笑、点头、真诚的目光等给予对方反馈；也可以在对方回答你的问题后，简单地重复一下他的观点，并继续探寻更多的信息，如，

“你刚才提到的这点，我还有兴趣了解更多，你能再说说吗？”

○不要过早对下属的表达做出评判

作为领导，一方面你要帮下属寻找解决问题的答案，而不是直接把你的答案扔给他；另一方面，只有下属自己找到的答案，他才会更有参与感和成就感，事后也更容易全身心投入地去落地。所以，别急于评判下属的表达，而是引导他自己去找到解决问题的方案。

○鼓励下属行动，拿到最终结果

谈心的产出，应该是行动和结果。在谈心时，你可以鼓励和引导下属畅所欲言，但谈心后必须要有下一步的行动计划，并且督促下属行动，积极去拿到结果。

本章要点小结

给下属下达指令有八个要点

要点一：遵循5W2H原则，清晰地告诉下属这个任务是什么、为什么要做、什么时候做、在哪里做、由谁来做、如何做以及做到什么程度。

要点二：告诉下属任务的重要性，以及完成任务后的成果和获得的奖励，激发下属的意愿。

要点三：保持平等、尊重的姿态，礼貌友好地为下属分配任务。

要点四：确保下属完全理解了指令内容和要求，避免理解上的偏差。

要点五：为下属提供积极的帮助，增强下属的信心和动力。

要点六：给予下属相应的授权。

要点七：允许下属提问，并耐心地给予解答。

要点八：积极辅导下属，与下属共同解决问题。

面对不配合的下属如何沟通

- 记录客观事实，只对事不对人；
- 避免与下属当众“硬刚”，事后及时与对方沟通；
- 与下属共建目标与评估标准，并做好复盘；
- 设定相应的底线，做好最坏打算。

与下属商讨问题时巧妙激发其战斗力

- 做好准备，带着足够真诚和包容的态度倾听下属的表达；
- 带着尊重的态度向下属发问，并鼓励下属表达；
- 下属在发表意见时，不要做指示，不要评价下属，也不要贸然给下属下结论。

厉害的领导如何与下属谈心

跟下属谈心时有五个经典疑问句，分别是：发生了什么事？你怎么看？你都尝试了哪些方法？你需要哪些帮助？还有吗？

与下属谈心有三点需注意：一是善于营造轻松的沟通气氛；二是不要过早对下属的表达做出评判；三是积极鼓励下属行动，拿到最终结果。

第五章

摆正关系易沟通——如何与同事沟通

不管你在什么部门工作、从事什么样的工作，都离不开同事。对于身处职场的我们来说，同事可以说是我们最熟悉的陌生人，每一项工作可能都会需要几个人甚至是集体共同去完成，因此学会沟通、学会协调、学会摆正关系，在职场中显得特别重要。

摆正关系，沟通更顺畅

有人把同事关系当成同学关系来看待，认为彼此间没有利益冲突，应该互帮互助。但当自己请教同事一些小问题时，同事却说他不会。

有人把同事关系当成朋友、闺蜜关系来看待，认为应该与同事打成一片，坦诚相待。结果没多久，发现公司里都是自己的八卦。

有人把同事关系当成敌对关系来看待，像防贼一样防着同事，结果面临的是被针对、被孤立、被排斥，甚至很难开展自身和团队的工作。

当你以单一视角看待同事关系时，势必会陷入各种各样的麻烦中。其实，同事关系既不是毫无利益冲突的同学关系，也不是志同道合的朋友关系，更不是你死我活的敌我关系，而是由于工作任务被动构建的一种既合作又竞争的矛盾关系。

摆正与同事的关系后，你再与同事沟通时就会更顺畅。当然，在具体的沟通中，合作关系与竞争关系的沟通技巧也是不一样的。

与合作关系的同事沟通的技巧

想与同事建立良好的合作关系，你需要掌握以下几点沟通技巧：

○善于倾听，彼此尊重

倾听是一种非常重要的沟通技巧，当你与同事沟通时，要时刻保持专注，认真听清对方的观点和想法，同时与对方保持眼神交流，展现真诚的兴趣，并适当用微笑、点头等肢体语言给予反馈。必要时，可以适时提问，以表达对对方话题的关注，如，“然后发生了什么？”“接下来你是怎么处理的？”

通过倾听，你可以展现出对同事的尊重和理解，也更容易与同事建立起相互信任的关系。

○明确表达，避免误解

除了倾听，你还需要明确表达自己的观点和想法，并且表达时要简洁明了，避免使用有歧义的词汇。同时，你还要注意保持平和友善的态度，用温和的语气语调与对方沟通，避免引起对方的反感或误解。

○尊重差异，包容多元

职场中的同事都是有着不同背景、不同性格的人，也都有自己的独特之处，你需要尊重和包容这些差异。在与其沟通时，尽量学会换位思考，理解对方的想法和需求，这样才能更好地与同事建立合作关系，共同推动工作的进展。

○适当赞美，激发动力

当你发现同事的优点或取得的成绩时，一定要及时给予赞美和肯定，这不仅能增强同事的自信心和工作动力，还能加深彼此间的友谊和信任。

当然，你的赞美要真诚、适度，不要过分虚假或夸张。

○主动沟通，解决问题

在遇到难题或矛盾时，要主动与同事沟通，共同寻找解决问题的方法。不要试图逃避或拖延问题，更不要

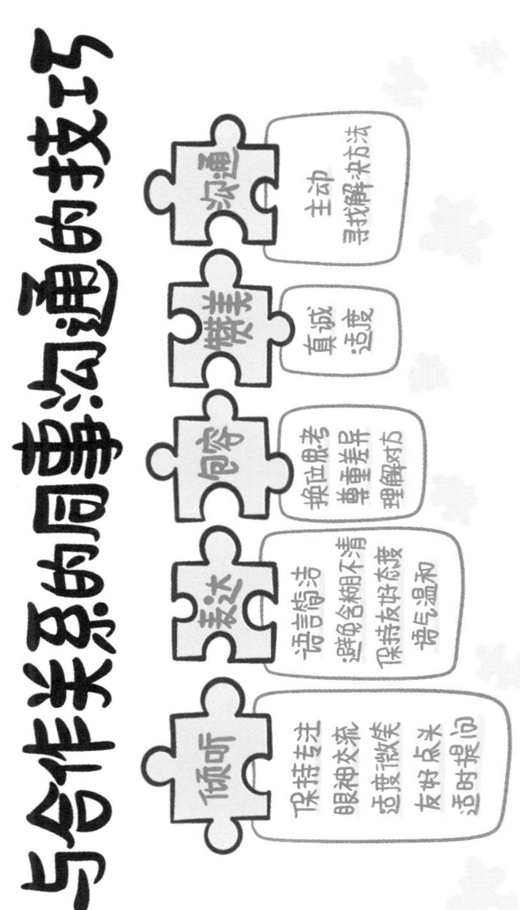
与合作关系的同事沟通的技巧
倾听
保持专注
眼神交流
适度微笑
友好点头
适时提问
表达
语言简洁
避免含糊不清
保持友好态度
语气温和
包容
换位思考
尊重差异
理解对方
赞美
真诚
适度
沟通
主动
寻找解决方法

将问题责任归咎于他人。通过主动沟通，你不但能更好地理解问题的本质和原因，还能找到更加有效的解决方案。

与竞争关系的同事沟通的技巧

同事之间除了合作关系外，最容易形成的就是利益竞争关系。如果期间不能好好沟通，就容易形成分歧。

不过，如果你在沟通中能注意把握下面几个方面，即使是面对利益竞争关系的同事，同样可以建立融洽的关系。

○多补台少拆台，以集体利益为重

同事之间即使有竞争关系，也应有集体意识，互相形成利益共同体。特别是与外单位的人接触时，更要有“团队形象”的观念，多补台少拆台，不因为自身的小利益而损害集体的大利益，最好是做到“家丑不可外扬”。

○对待分歧时，求大同存小异

同事之间很容易对同一问题产生不同观点或想法，继而引发争论，甚至出现分歧。这时，尽量不与对方过分争论，以免激化矛盾。但也不要一味忍让，甚至涉及原则性问题也不坚持、不争取，而是随波逐流，刻意掩盖矛盾，这同样不能解决问题。

面对问题或分歧，你要努力寻找与对方之间的共同点，争取求大同存小异。实在无法达成一致，就采取冷处理的方法，表明“我不能接受你的观点，我要保留我的意见”，让争论逐渐淡化。

○同事加薪升职，要保持平常心

和你有竞争关系的同事获得了加薪、升职的机会，即使你内心不服气，也要尽量保持平常心。不要嫉妒对方，更不要在背后诋毁对方，这于己于人都没有任何好处。

○发生矛盾时宽容忍让，敢于道歉

俗话说“冤家宜解不宜结”，与同事发生矛盾时，不妨先从自身找原因，学会换位思考，避免矛盾激化。如果已经形成矛盾，自己又的确不对，要放下面子，敢于道歉，主动打破僵局。这不但不会让你失了面子，反而容易赢得同事的好感。

与竞争关系的同事沟通的技巧
平常心对待对方
升职加薪
Sorry
宽容忍让，敢于道歉
多补台，
少拆台
求大同，存小异

与同事的暖心沟通术

你工作能力很强，为什么晋升一直无望？

你努力想跟同事搞好关系，为什么大家好像对你并不热情？

其实处于职场当中，在能力差不多的情况下，人际关系好、会沟通的人往往更容易被重用，也更容易被同事接纳和认可。可以说，与同事建立良好的关系，是职场成功的关键之一。

想与同事建立良好关系，自然离不开彼此间的沟通。

怎样与同事顺畅地沟通呢？

下面就是我给大家总结的几点与同事的暖心沟通术。

提意见也可以“忠言不逆耳”

在工作中，我们与同事沟通时，免不了会有回应、反馈、提意见。有时你给同事提意见，明明自己是好心，可同事听了不但不感激你，反而还可能对你产生意见。这就是我们常说的“忠言逆耳”。

那有没有“忠言不逆耳”的方法呢?

当然有。我在这里给大家推荐一个与同事沟通的方法——OFNR 模型。借助这个模型,你和同事之间不仅能真诚沟通,还能增进彼此间的理解和协作关系。

OFNR 模型中包含观察(Observation)、感受(Feeling)、需要(Need)和请求(Request)。它强调的是以真诚和尊重的态度表达自己,并同时倾听和理解他人的需求和感受。

我用一个案例来跟大家分享一下,如何利用 OFNR 模型为同事提意见。假如你的同事经常在上班时间做一

些与工作无关的事情，结果影响了部门整体的工作进度，你想给对方提意见，希望对方不要因为个人私事而影响工作，那么你就可以利用这个模型与对方沟通。

○认真观察（Observation）

站在比较客观中立的位置，观察同事每天在上班时间做的事情，以及同事在你们共同的项目上所做的工作。

这一点很重要，因为你在接下来与同事沟通、给同事提意见时，需要客观地描述事实，不带有偏见和评价的成分。

○表达感受（Feeling）

在弄清同事每天的工作状态后，接下来你就可以向同事表达，自己对于同事每天工作状态的感受。

比如，“我注意到，我们的项目时间线已经延迟了五分之一，我感到有些焦虑，因为我想确保我们都能按时交付出高质量的项目。”

许多人认为，在沟通中不可以表达感受。其实，情绪和感受是我们最柔软的部分，本身不具有任何杀伤力，但却能引起对方的共鸣。所以，你在向同事表达自己的感受后，同事也会理解到你的焦虑情绪。

○说出需求（Need）

这是很多沟通中缺失的部分，原因是一方面我们会默认对方应该知道我们的需求，另一方面我们不太习惯直接表达自己的需求。

其实，在沟通时，我们应该直接明了地说出自己的需求，或者告诉对方，你希望对方在哪些方面能够满足你的需求。比如，你可以这样对同事说："我需要我们团队的每个成员都能在截止日期前完成自己的工作。"

○提出请求（Request）

根据你的需求，明确地提出你的请求，以便对方可以清楚地知道自己应该怎么做。注意，你提出的是"请求"，不是"要求"。请求不是命令，请求里应该有礼貌和尊重。所以，你最好直接提出请求对方"怎么做"，而不是遏制性地要求对方"不要怎么做"，前者往往更容易让人接受。

比如，你可以对同事说："我们可以一起制订一个更具体的时间表，确保每个人都能按时完成，怎么样？"而不是“你不要在上班时间做与工作无关的事，影响我们的整体项目进度”。

运用以上的方法给同事提意见，既可以让同事接纳你的建议，又不至于对你产生抵触情绪。

与老员工沟通的三个要点

初入职场，免不了要与公司里的老员工打交道。老员工的身份往往比较特殊，既是你的同事，职务也许并不比你高，但来公司的时间比你长，资历比你老，因此也需要得到新人的认可和尊重。

那么，在与老员工沟通时，我们该注意哪些问题呢？或者说，怎样与老员工沟通，才能维持融洽的同事关系呢？

我在这里给大家三点参考意见：

○多倾听，少表达

跟老员工沟通时，自己尽量少说，多听对方说，可以请他们讲述一下自己的工作经历、成功经验等。每个人都有自己不为人知的打拼历程，与他们多沟通这些话题，不仅能帮助你更深入地了解对方，而且可以从他们身上学到一些工作上的技能和经验，让自己在工作中少走弯路。

○多赞美，多请教

每个人都希望被人赞美，老员工也是如此。所以，在与对方沟通时，你可以由衷地赞美对方身上的一些长处、闪光点等，并适当表示出自己的敬佩、崇拜之情。

比如，对方跟你聊到他为公司做过的贡献时，你可以这样回应：“哇，那您真了不起，跟公司一起奋斗这么多年！”“我以后要多多向您请教、向您学习，您以后要多带带我哦！”

同时，你也可以多向对方请教一些工作上的事情，但这些问题应该是你经过一番思考后提出的，让对方觉得你对他说的话是有所思考的，这也体现出了对他的尊重。

○管住嘴，少吐槽

一些老员工因为在一家公司待久了，免不了会有些不满之处，甚至有很多怨气需要发泄。当与之沟通时，他可能有意无意地就会对公司抱怨、吐槽一番。作为新入职的员工，你最好管住自己的嘴，不要参与对方的抱怨，更不要跟对方一起吐槽公司，比如跟着对方说："怎么能这样呢？""这也太过分了！"

那么，遇到这种情况该怎么应对呢？

你可以岔开话题，跟对方聊聊生活中的一些新事物、新产品等，或者找个借口离开，这些都能让你巧妙地避开充满负能量的沟通场所。

特别需要注意的一点是，跟老员工沟通时，要少说一些敏感词，比如"倚老卖老""混吃混喝"等。作为新员工，你说的话更容易引起其他同事的注意，有些话题可能涉及老员工，一旦你不小心说了一些比较敏感的话，有的老员工可能就会对号入座，以为你在故意说他，继而影响你跟同事间的关系，甚至会找机会故意为难你。

得体有效地拒绝同事

在平时的工作中，我们不可避免地会遇到需要拒绝同事的情况。有些人在面对同事的各种请求时，往往不知该如何拒绝，结果成了“软柿子”，被人随便拿捏。

其实，拒绝同事是有方法的，正确运用方法，你不但能得体有效地拒绝同事的无理要求，还不会让自己感觉太为难。

下面我就给大家分享几种拒绝同事的话术。

○拒绝时，先责怪自己一通

这种方法就是先尽量怪自己，把责任归结到自己头上。

比如，同事让你帮忙复印文件，其实他自己完全有时间复印，你帮一两次就算了，但久而久之，你心里肯定会不舒服。这时，你就可以用温柔而坚定的语气跟对方说：“哎呀，你看我这脑子！我做事的效率真是越来越不行了，老板早上叫我改的方案，我到现在还焦头烂额呢！这回我真是死定了！”

像这样先把自己责怪一通，称自己能力不行，帮不了对方的忙。这样既不会伤对方的面子，也不用勉强自己去做不想做的事。

○提供替代方案

如果你感觉直接拒绝同事，可能会让对方难堪，但自己又不想帮，那就寻找一种替代方案。

比如，“真不好意思，我对这方面不太了解，但我之前见过一个专业网站，上面有很多相关的知识和技巧，你或许可以从那上面找找灵感。我一会儿把那个网站推给你。”

这种拒绝方法通常也能让对方知难而退。

○甩“锅”给领导

我们在职场上经常会面临一些灰色的任务区：本来不属于你的工作，却被同事硬塞在你手里。你想拒绝，却又怕得罪同事，这时你就可以适当把责任推给领导。

比如，“王姐，真的很抱歉，我现在必须优先处理李总交代的紧急任务。他要得很急，我需要全力以赴，这周可能都没法帮你，真不好意思！”

用领导当“挡箭牌”，同事也就不好再“为难”你了。

○调整对话焦点，反客为主

这种方法的意思就是：对方请求你帮忙，而你反过来也请求他帮忙。

比如，同事请你帮他修改一下项目方案，你可以这样回应，“正好，我这里也有件事需要你的专业意见，你能不能先帮我看看这个？我这个比较着急！”

此时，如果对方执意要你帮忙，那么他也不好拒绝你；如果不想帮你的忙，他也就不好意思再让你帮忙了。

○选择性响应，暂时性忘记

如果同事只是发信息让你帮忙，你可以考虑往后延迟，等到合适的时间再回应对方，“哎呀，真对不起，我这两天工作太忙了，直到下班才有空查看消息。你后来怎么样了？问题应该都解决了吧？”而这时，同事的问题基本已经解决。即使没有解决，看到你“太忙了”“直到下班才有空查看信息”，也不好意思再麻烦你了。

当然，有些同事麻烦你，是因为自己真的不会，需要帮助；有些同事麻烦你，是他真的不想做，这两者你要分清楚。如果是前者，在你力所能及的情况下，可以适当提供帮助，这样既能帮同事解决问题，又能让同事间的关系变得更加融洽。

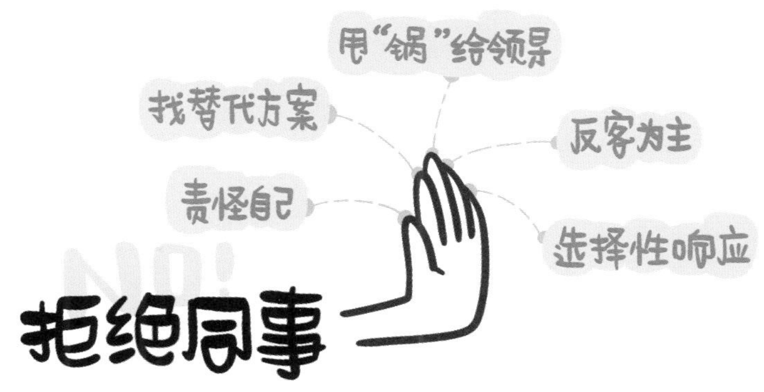

化解与同事矛盾的话术

在职场中，每天与同事共处，免不了会有矛盾或冲突出现。因为每个人都是独立的个体，不可能存在一个完全符合你期望的人。而当每个人的想法不一样时，矛盾就出现了。

举个例子，公司的一个重要项目出了问题，老板让你们全员加班，修正项目中的问题。而你的某个同事觉得，项目中出问题的部分并不是他负责的，所以他没有责任跟大家一起加班。但你觉得，项目要顺利完成，需要大家一起努力，同事不应该推卸责任。于是，矛盾产生了，双方的争论甚至可能让局面十分紧张。

此时，你最不应该做的就是与同事大声争论，这只会进一步激化矛盾，最后争论的结果可能与工作已毫无关系，变成了两个人之间的矛盾。

我在这里教大家一个有效的话术公式：开门见山 + 提重要性 + 解决方案 + 提出需求。

○开门见山

所谓开门见山，就是直接面对面地与同事沟通，这是化解矛盾、解决问题的第一步。在沟通时要记住：让自己保持冷静，就事论事，不说一些与当前工作无关的话语，同时不要用命令的口气，因为你与对方是平级。尽量用理解、肯定对方的态度与之沟通。

比如，“我很理解你的心情，你之前在这个项目上投入了很多心血，大家都是有目共睹的。”

一般来说，同事之间出现矛盾，往往是因为彼此都感到受伤和被误解，而你的理解和肯定，就可以安抚对方此时内心中的不满情绪。

○提重要性

这一步最重要的就是“扯大旗”，借势领导，比如称领导十分看重这个项目，或者阐述该项目可能给大家带来的共同利益等，目的是突出对方可以从中获得什么好处。

在这一步有个重要话术，就是“我不希望……而是希望……”，比如，“我不希望你认为大家是在故意为难你，恰恰相反，我认为这个项目离不开我们大家每个人的努力。所以，我希望我们仍然可以同心协力地解决问题，尽快完成项目，让这个项目更好地落地。”

这样就把同事再次拉回到项目团队当中来，让同事明白，只有项目尽快完成、顺利落地，大家才有可能从中拿到好处。

○解决方案

无论之前有没有争吵，此时你都尽量专注于问题本身，提出具体的解决方案。如果同事真的很忙，可以适当精简对方的工作，提高协作效率，并表明这部分工作非他不可。比如，你可以对同事说：“大家都知道你平时很忙，那你就等项目修正后，检测一下原来由你完成的部分，这方面大家都不擅长，只能辛苦你了。”

这样就既站在了同事的立场提出方案，又兼顾了项目的修正工作，如果同事仍然不配合，那你也可以请求领导出面协调。

○提出需求

在赢得同事的配合后，最后一步就是提出具体的需求，最好能有一个时间节点，比如，“检测部分最多占用你两个小时的时间，咱们努力克服一下，尽快交付，你觉得怎么样？”

如果最后项目顺利完成，同事也给予了配合，别忘了对对方表示感谢，如，“多亏了小李的积极配合，让咱们这个项目能够顺利完成，这是我们大家共同努力的结果！”这样既缓和了与同事之前的矛盾，也让同事感受到自己仍然是团队中的一员。

总之，职场不是战场，而是团队作战的地方。每个人都有自己的特点和擅长之处，团结起来才能更高效地解决工作中的问题。遇到矛盾，不要逃避，也不要跟同事硬碰硬，巧妙地用语言化解，大家心里都舒坦，以后合作也更顺畅。

与同事沟通的那些小细节

有人觉得，自己跟同事那么熟了，沟通时不需要注意什么细节，想说什么就说什么。

我要告诉你的是：如果你平时都是这样与同事沟通，即使同事表面跟你过得去，内心也一定会对你有诸多不满。

真正的沟通高手，都很懂得在与同事沟通时注意细节，该说的话会说，不该说的一定不说，这样的同事关系才更稳固、更健康。

那么与同事沟通需要注意哪些细节呢？

敏感问题不讨论

你可以跟同事交换你的人生观、价值观、世界观等，给人留下性格开朗的印象。如果还想给同事留下健谈的印象，你还可以多讲一些新闻中的内容，这些内容没有你的评价，也不涉及你的个人隐私，可以互相讨论。相反，对于一些涉及个人隐私的敏感问题，最好不要讨论，更不要在背后说领导或其他同事坏话。

以下是可以与同事讨论的一些话题：

- 大城市通用话题，如房价、交通、教育等；
- 南北方城市通用话题，如高温、梅雨、暖气、降温等；
- 男士通用话题，如近期发生的新闻、篮球、足球等；
- 女士通用话题，如星座、MBTI（人格类型测试）等；
- 青年男女通用话题，如梦想、明星、深造、电影等；
- 中年男女通用话题，如公益慈善、股票、育儿、教育、择校、安全、移民等；

- 外来人口通用话题，如家乡、父母等。

真正的沟通高手，总是能熟练运用这些话题，滔滔不绝地与同事沟通，却从来不说涉及隐私的话题，而同事也很喜欢他们，因为他们知道该如何沟通。

表达简明扼要不拖拉

想要与同事高效沟通，最需要的就是简明扼要，抓住核心，避免说废话，这样既节约自己的时间，也节约和尊重了别人的时间。

怎么才能知道自己的表达是不是废话呢？

方法很简单，就是在与同事沟通问题或讨论事情之前，先给自己三分钟，想一想你最想让对方知道的是什么？或者最想从对方那里得到的是什么？然后开门见山把重点表达出来，快速抓住对方的注意力。

具体来说，我认为你可以从下面三点做努力：

○明确目标

在沟通前，务必明确自己想从对方那里获取的信息。你可以通过提问的方式直接询问，提问方式有两种：

第一，开放式提问。即使用“如何”“为什么”“能不能沟通一下”等引导词，引导对方提供你需要的信息。

比如，“能不能谈一谈，你制定的方案中有哪些具体的措施？”

第二，封闭式提问。即让对方回答“是”或“否”即可，有助于确认具体信息。

比如，“请问这个方案没有超过预算吧？”

○倾听并反馈

全神贯注地倾听对方的表达，确保理解对方的意思，减少交流中的误解和错误，同时适当给予反馈或提问，确认双方的理解是否一致，保证沟通准确清晰。

比如，“这件事是个挑战，你觉得需要我提供哪些支持？”

○澄清和确认

如果没听懂对方表达的意思，要及时请求对方再解释一下。

比如，“你能把这部分内容再跟我详细说一说吗？”

如果自己听明白了，就用自己的话再复述一遍向对方确认。

比如，“你的意思是，这个任务必须要在月底完成，是这样吧？”

人的关注点往往只集中在 2 ~ 4 件事上，极低概率能超过 5 件。在与同事沟通问题或传达事项时，简明扼要不拖拉，尽量不让自己表达的事项超过 5 件，才有可能达成好的沟通效果。

多说“我们”，少说“你”

在与同事沟通时，多说“我们”，少说“你”，是一种非常有效且积极的沟通策略。尤其是在向对方探寻信息时，更要多把“我们”挂在嘴边，这样可以拉近与对方的距离，减少误解与冲突。

我举个例子，你就能看出差别了。

假如跟你同一个部门的同事在工作上出了一点问题，被领导叫去批评了一顿。同事回到办公室，你想知道同事为什么被批评，到底在哪个环节出了问题，张口就说：“你快说说，领导为什么找你谈话？”

这种问法，我相信很多人平时跟同事沟通时都容易脱口而出。这话有毛病吗？好像没有。但是，话一脱口，给同事的感觉可能会是“你认为领导是在故意针对我”。即使你原本没有这个意思，同事心里也可能会这么认为，甚至觉得你在故意看他的笑话。

在跟同事沟通时，有时“你”这个字一出口，就会激发对方的防御心理，那么接下来不论你说什么，对方心里都是抵触的。特别是在同事刚刚被领导批评，心里很不爽的情况下，他的下一句话可能就是：“想知道原因，你自己不会去问？”结果，你不知道该如何接下句了，因为再接下去，可能双方就要翻脸了。

如果你换一种说法，把主体的“你”换成“我们”，如，“看你脸色不太好，领导是认为我们部门的工作出问题了吗？”

这样的说法，一方面安慰了同事，同时又不会让同事觉得自己和你是对立关系，而是站在同一立场的共同体。而且，你说“我们部门”，也有意将“工作出问题”的责任主体变成了大家。这样，对方就不会觉得自己被针对，也更愿意心平气和地与你沟通领导提出的问题。

“我们”是一个非常包容性的词语，可以让对方感到被尊重和被重视。用“我们”与同事沟通，就能与对方建立一种共同体的感觉，让对方感受到你们之间的联系和共同点。而这种联系感和共同点可以促进彼此间的沟通和理解，有助于增强你与同事之间的互信与共识。

重要的沟通提前约

与同事沟通，无论是书面沟通还是面对面沟通，只要事情比较重要，都要有提前预约的意识。这样不仅体现了对同事的尊重，还能让同事做好相应准备，以确保沟通的高效和有效。

有些人不考虑这些，遇到什么事，就冒冒失失地跑到某个同事面前，"哎，有个事我想问你一下……"这时对方完全没有思想准备，而且人家手头上还可能有其他工作，答应也不是，不答应也不是，怎么应对？所以，我一直很反感这种做法。

你可能觉得提前约很麻烦，其实不然。多数情况下，与同事沟通都不需要你正式发“预约函”，只需要事先给对方打个电话或发个微信，让对方有个心理准备就好。

一般来说，预约的内容包括如下几项：

○明确沟通的目的和议题

在预约前，你需要明确沟通的具体目的，以及要与对方讨论的议题，或者是希望得到对方哪些帮助。比如，“我想请你在百忙之中帮我看一下我的项目策划报告，我比较担心里面的数据是否准确。”这将有助于你和对方在见面时达成明确的共识，并提前做好相应准备。

○选好适当的时间和地点

如果是面对面沟通，你应该提前告知对方，你大约需要占用对方多少时间，并且避免在对方繁忙或不方便的时间段找对方沟通，如午饭时间、下班时间等。同时，尽量选择一个安静、舒适、私密的地点，确保你和对方都能专注地交流和讨论。

○提前准备沟通材料

对需要讨论的材料分门别类，标记出重点，并提前列出备选解决方案，以便与同事沟通后做出更好的决策。

与同事沟通是一种团队协作的表现，也是建立良好工作关系的契机。懂得尊重对方的时间，你不但能与同事进行良好沟通，还能增进同事间的理解和信任。

平时多建立关系

职场中学会与同事相处很重要，平时多建立关系不仅能提升工作效率，还能促进个人和团队的共同成长。

有人觉得，与同事做好沟通、建立关系很难。其实不然，你只要做好下面四点，就能拥有良好的同事关系。

○远交近攻，避开竞争

那些与自己岗位功能差不多的同事，与你基本都是竞争关系。我建议你不要把时间和精力耗费在这类同事身上，利用“远交近攻”的策略打差异化，与那些辅助性岗位的同事多建立联结，这样既可以避开与同事的竞争，还能获得同事更多的支持和帮助。

○展现实力，做出成绩

你在团队中业绩第一，你获得了优秀员工的称号，你为企业带来更多客户、创造更多效益，你在同事心目中就越有价值。当你有价值时，也会有越来越多的人向你靠近，与你结交，因为所有人都想从你身上获得利益。

○伸出援手，雪中送炭

想要建立关系，就一定要学会在关键时刻为别人提供帮助。但要注意的是，在帮助别人时，要清楚自己的能力范围，不要什么忙都往自己身上揽，否则就成了给别人打杂的人，既影响自己的工作，又不会被别人感激。

○谨言慎行，不吝赞美

与同事相交、沟通，一定要谨言慎行，当心祸从口出，给自己树敌。在与同事闲聊时，少说多听，不要随意评论别人。如果要表达，记得多赞美。赞美是世界上最好的语言，能拉近人与人之间的关系，也能赢得对方的好感。

总之，平时多与同事建立关系，主动与同事交流，分享想法和信息，关键时刻才能获得更多资源，遇到挑战时才能获得更多帮助。

本章要点小结

沟通时如何摆正与同事的关系

与合作关系的同事沟通的技巧主要包括：善于倾听，向同事展现尊重和理解；明确表达自己的观点和想法，避免同事误解；尊重与同事间的差异，尽量学会换位思考；真诚地赞美同事，增强彼此间的友情和信任；主动与同事沟通，积极解决问题。

与竞争关系的同事沟通的技巧包括：多补台少拆台，以集体利益为重，互相形成利益共同体；出现分歧时，尽量求大同存小异，努力寻找与对方之间的共同点；同事获得加薪升职，要以平常心对待；与同事发生矛盾，尽量宽容忍让，自己有错时要勇于道歉。

与同事的暖心沟通术

给同事提意见时，不要直截了当地提，而是善于运用 OFNR 模型，通过观察（Observation）、感受（Feeling）、需要（Need）和请求（Request）四个步骤，用真诚的、尊重的态度表达自己的看法，同时也倾听和理解对方的需求与感受。

跟公司里的老员工沟通时，要做到多倾听、少表达，多赞美、多请教，管住嘴、少吐槽。既体现出对对方的敬佩、尊重，也不要给对方留下不好的话柄。

拒绝同事的不合理要求时，可以通过先责怪自己、为同事提供替代方案、甩“锅”给领导、反客为主，以及选择性响应、暂时性忘记等沟通方式来拒绝。

与同事之间出现矛盾，遵循“四步走”话术：开门见山 + 提重要性 + 解决方案 + 提出需求，巧妙化解矛盾，缓和关系。

与同事沟通时需要注意的小细节

- 多聊公共话题，敏感问题尽量不讨论；
- 跟同事表达时要注意简明扼要，不要拖拉啰唆；
- 与同事沟通，尽量少说“你”，多说“我们”；
- 有重要沟通时，要提前跟同事预约，预约内容包括明确沟通的目的和议题、选择适当的时间和地点、提前准备沟通材料等；
- 平时多与同事建立关系，在建立关系时要注意

“远交近攻”，尽量避开与同事的竞争；展现自己的实力，做出成就，吸引同事靠近；同事遇到困难时要积极伸出援手；与同事沟通时谨言慎行，真诚地赞美和肯定同事。

第六章

拿捏痛点易成交——如何与客户沟通

客户为什么会成交？因为他有痛点问题要解决，为此到处寻求解决办法，直到遇到专业的你。当你了解了他的痛点问题后，运用自己的专业知识，为他提供了量身定制的解决方案，让他有了“这就是我最想要的”感觉，成交便实现了。

可见，实现成交必须找准客户痛点，并通过有效沟通帮助客户解决痛点。本章就教你如何利用痛点说服客户，以及怎样巧妙回应客户提出的问题，并学会抓住时机，成功逼单。

利用痛点说服客户

客户有了问题才会产生痛苦，痛苦足够大才会产生需求，有了需求才会产生购买，有了购买才会产生销售。

一切销售策略的运用，都旨在通过满足客户的需求欲望，化解客户的痛点，解决客户的问题，达到成交的目的。简而言之，销售就是挖掘客户痛点，并利用客户的痛点说服客户产生购买行为，实现成交。

三个环节挖掘需求

常言道，掌握客户需求是成功签单的关键。那么，如何挖掘客户需求呢？

从沟通的角度来说，我认为主要有三个环节：

○诊断痛点

先来看一个例子：

一位先生到家具店想购买一把办公椅，推销员问道："先生，您想买一把什么椅子呢？"

客户："平时办公用的椅子。"

推销员："您有什么特殊要求吗？"

客户："我有时感到颈椎疼，想找一把符合人体工程学的椅子。"

要精准地找到客户痛点，你就可以通过这样提问和引导的方式，让客户更多地表达自己的需求和痛点。你也可以通过注意观察客户的言行举止，从中捕捉到客户的痛点，一些客户可能对产品的性能、价格、服务等方面有特殊需求，这些都是客户的痛点所在。

○凸显差异

痛点的本质是基于对比，比如，对某项产品期望值高，而实际购买的产品未能达到期望值，其结果就是落差。这种由对比带来的落差会给客户带来痛苦。所以，你要学会基于对比找到自己的产品与竞争产品间的差异，提炼差异化优势，说服客户购买。

仍然是上文的案例，客户看到一把椅子，问推销员："这把椅子多少钱？"

推销员："600 元。"

客户："太贵了！隔壁有一把椅子跟这把看起来差不多，才 260 元。"

推销员："我们这把椅子进货价都快 600 元了，我们只赚您不到 50 元。"

客户："进价这么高吗？为什么呢？"

推销员："您可以亲自坐上去体验一下。"

客户坐上去，感觉确实比隔壁 260 元的椅子要舒服。

这就是在凸显产品间的差异，让客户自己体验到产品的优势，内心对你的产品有所偏爱。

○证明收益

你要形象具体地将产品能带给客户的差异价值、收益展示出来，可以借助数据和直观的产品介绍，也可以让客户亲身体验，自己得出结论，而不是空泛地描述，这个过程就是在向客户证明他购买你的产品所获得的收益。

比如上文的案例中，客户自己体验到产品的优势后，推销员接着说："这把椅子比 260 元的椅子坐起来更舒服，因为两者的弹簧数是不一样的，我们这款椅子由于弹簧数较多，不会因变形而影响坐姿。而不良坐姿就会让人脊椎骨侧弯，引发颈椎痛、腰痛等。就这把椅子来说，弹簧的成本就比普通椅子多出 100 多元。同时，这把椅子的旋转支架是纯钢的，比一般非纯钢的椅子寿命长出一倍，不会因为过重的体重或长期旋转而磨损、松脱，因为这个部分坏了，椅子也就报废了。因此，这把椅子的平均使用寿命要比那把多一倍，使用的材质也更好……”

客户听了推销员的话，内心就会开始盘算：虽然多花 300 多元钱，但可以保护自己的脊椎，使用时间也更长，还是这把更安全、更划算一些。接下来做出购买行为也就顺理成章了。

在这里，推销员就是利用客户痛点，用简明易懂的语言成功说服客户，将价格较高的产品卖了出去。

IBM 公司副总裁曾说：“我们不是卖硬件，我们卖的是解决问题的方法。”有问题就会有销售，销售的目的就是帮客户解决问题、消除痛点。只有挖掘出客户的需求，并真正为客户着想，成交才会变得水到渠成。

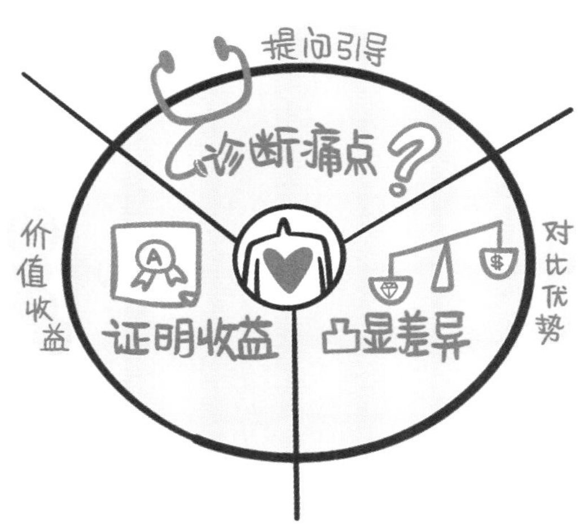

产品介绍的五个流程

销售离不开产品介绍，正确介绍产品才能快速打动客户，让客户信任并实现成交。

企业管理博士、台湾中兴大学郭昆漠教授提出了一套非常实用的产品介绍流程——FABE销售法则，将产品介绍分为四步，即介绍产品特性（Features）、优势（Advantages）、给客户带来的利益（Benefits）和相关证据（Evidence）。我在该法则基础上做了延伸，又加入一个对客户的反问（Rhetorical），将产品介绍分为五个流程。

在挖掘客户痛点和需求，向客户介绍产品时，你就可以按照这五个流程进行。

第一步：介绍产品特性（Features）

产品特性就是产品的属性，包括产品的特点、技术、材质、工艺、外观、造型等。在介绍产品特性时，你要找到客户最感兴趣的内容。

第二步：展示产品优势（Advantages）

产品优势是从特性中衍生而来的，包括功效、功能、性能、效果等。在展示产品优势时，你也可以把它与同类型产品或功效相同的产品放在一起比较，放大它的优势。

第三步：找出带给客户的利益（Benefits）

产品的特性、优势和利益其实是一脉相承的，特性产生优势，优势带来利益，所以这一步你需要告诉客户，你的产品在实际使用场景中会带给客户哪些好处。

第四步：提供相关证据（Evidence）

你可以通过现场演示相关证明文件、数据、技术报告、客户反馈、品牌效应等来印证自己的介绍，但这些文件、数据等都要有客观性、权威性或可靠性，才更容易让客户信服。

第五步：对客户反问（Rhetorical）

向客户提出一个反问，来完成自己的产品介绍，以获取客户的正面回应。

举个例子：你要向客户销售一款手机，就可以运用以上五个流程向客户介绍这款手机。

“我手里拿着的这款手机，它搭载了1亿像素摄像头。”——这是手机的产品特性。

“相对来说，这款手机的拍摄效果更好，拍出来的照片更加清晰、逼真。”——这是手机的优势。

“您出去旅游时，随手拍张照片，画面的清晰度就胜过其他手机，感觉非常好。”——这是手机的功能收益和情感收益。

“我上个月出差时就用这部手机拍摄了很多照片，您可以看一下效果，比我用别的手机拍摄得清晰很多。”（可以展示给客户看）——这是在提供证据。

“出去玩用手机拍摄照片，谁不希望拍得更清晰一些呢？”——这是对客户进行反问。

听完你最后一步的反问，客户也会给出肯定回答，“是的。”“那是自然！”这就能很好地帮你弱化客户的负面感受，为快速成交奠定基础。

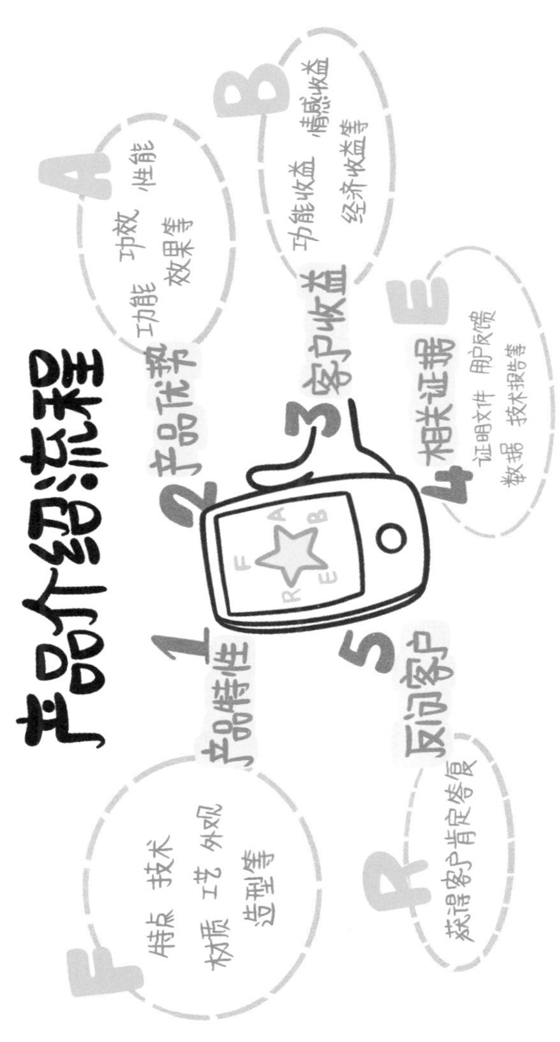
产品介绍流程
1 产品特性
F
特点 技术
材质 工艺 外观
造型等
2 产品优势
A
功能 功效 性能
效果等
3 客户收益
B
功能收益 情感收益
经济收益等
4 相关证据
E
证明文件 用户反馈
数据 技术报告等
5 反问客户
R
获得客户肯定答复

客户不互动，怎么办

经常说自己的产品好，但就是没有成交；每天疯狂联系客户，客户却不愿互动。问题出在哪里呢？

一般来说，客户不回应你、不愿意跟你互动，有下面几种原因：

- 客户在忙其他事情，无法集中精力跟你互动；
- 你跟客户说的内容，不是客户真正关心的；
- 客户觉得你不够专业，不能帮他解决问题；
- 沟通缺乏条理性和目的性，让客户抓不住重点；
- 客户对你不够信任。

虽然客户不互动的原因较多，但归根结底是你对客户的痛点挖掘不够准确，因此也根本无法提起客户的兴趣。只有真正把握痛点，针对痛点与客户沟通，才能真正激发出客户的需求。

如何把握客户痛点？

送给大家一个绝佳有效的方式，就是有效提问。对于提问方式，我总结了以下五种：

○重复性提问

也就是以提问的形式重复客户的语言或观点。

比如，“您是对我们提供的服务不太满意吗？”

“您的意思是，由于机器出了问题，给您造成了很大损失，对吗？”

通过这样的重复提问，促使客户不得不做出回应和互动。

○指向性提问

即以谁、何处、是什么、为什么等为疑问词，用来向客户了解一些基本事实和情况，为互动和说服工作寻找突破口。

比如，“您目前在哪里购买零部件呢？”

“您公司平时都是谁在使用复印机？”

“您公司的利润考核标准是怎样的？”

这些提问一般都能促使客户做出回应。

○细节性提问

即直接向客户就某些细节提出请求，并请对方说明一些细节性问题，促使客户进一步表明观点或说明情况。

比如，“您愿意告诉我一些更详细的情况吗？”

“您能具体举几个例子吗？”

“您能描述一下细节吗？”

○损害性提问

即促使客户说出目前所使用的产品存在哪些问题或有哪些痛点，促使客户做出回答，再根据对方回答的情况说服客户。

比如，你在推销一款复印机，就可以这样问客户：“听说您公司现在使用的这款复印机复印效果不太好，字迹常常模糊，是吗？”

需要注意的是，这类问题比较有攻击性，如果使用不当，可能会引起客户的反感，客户更加不愿互动。所以在提问这类问题时，你一定要注意用词和语气的委婉，并充分考虑客户的承受能力。

○结论性提问

即根据客户观点或存在的痛点，推导出相应的结论或提出问题的后果，诱发客户产生对产品的需求。这类提问一般会用在损害性问题后面。

比如在上面损害性提问的案例中，客户对复印机推销员的问题做出了肯定回答，推销员便可以继续进行结论性提问："那用这样的复印机复印宣传材料，会不会影响宣传效果？"

通过运用以上几种提问方式，你不仅能更好地了解客户需求和痛点，还能激发客户的思考和参与意愿。当客户愿意与你互动后，你也能更清晰地了解客户痛点，从而利用痛点激发客户的购买欲望。

如何处理客户的异议

客户异议是指来自客户的反面看法或抵触信息，表示不赞同、质疑甚至拒绝购买的言行。客户提出异议是销售过程中的普遍现象，并且客户异议具有两面性，它既是成交障碍，又是成交信号。因为有异议，表明客户对产品的某方面感兴趣，具有成交的希望。如果你能通过客户异议了解客户的真实心理，挖掘客户的真实需求，然后给出适当的解释和答复，让客户感到满意，就有机会实现成交。

我把客户异议分为两大类：

- 个人异议：包括客户的个人需求、购买时间等；
- 产品异议：包括产品价格、产品性能、产品质量及相关服务等。

如果你能巧妙处理客户异议，就能顺利过渡到成交阶段；否则，就有可能引起客户不满，失去成交机会。

那么，销售人员要如何处理客户异议呢？

根据不同的情况，我为你提供以下几种沟通技巧。

回答价格问题不必躲躲闪闪

价格是产品销售中的一个非常敏感的因素，也是客户最容易提出异议的部分。客户对价格产生异议时，经常提的问题有下面几种：

- 感觉价格太高了；
- 价格不符合我们的期望；
- 为什么比同类产品的价格高那么多；
- 我们没有那么多预算，价格再低一些吧。

有些销售人员一听到以上问题，回答时便躲躲闪闪、遮遮掩掩，这很容易让客户觉得你对自己的产品不自信，或者你的价格虚高太多，继而跟你压价，或者直接离开。

客户对产品价格存在疑虑或抱怨，不代表他们拒绝购买产品，反而表示他们有购买意愿。这时，你的回答一定要充满自信，可以从以下四个方面来说服客户。

第一，强调价值

产品的价格和价值之间是存在相关性的，就像五星级酒店与一般宾馆价格悬殊的道理一样。因此，你可以通过强调产品的价值、优势来说服客户。

比如，“我理解您可能觉得价格稍高，但请您相信，我们的产品和服务所提供的价值与品质是相互匹配的。考虑到它带来的长期效益与节省的成本，这个价格真的是物有所值。”

第二，询问需求

客户提出产品价格高，也许是因为这款产品并不适合他，或者不符合他的需求。这时，你可以深入地询问一下客户的真实需求，再根据客户需求为其推荐更适合的产品。

比如，“您可以分享一下您的具体需求和预算吗？这样我可以为您推荐更适合您需求和预算的产品和服务。”

第三，提供比较

通过将产品价格与其他同类产品的价格进行比较，突出自己产品的竞争力和独特之处。

比如，“与市场同类产品相比，我们的定价可能稍高，但我们提供的品质、服务和售后保障都是一流的。长远来看，您会发现选择我们的产品是一个明智的选择。”

第四，分解价格

你可以将产品的几个组成部分分开跟客户解释，让客户感觉每一部分都不贵；或者将产品总价分解到一定周期中，如一个月、一年，平均每天或每次的价格就会很低，这也能让客户更容易接受当前的价格。

比如，“这套产品卖 720 元，可以用一年，平均一天不到 2 元钱。考虑到它为您带来的便利和效益，每天不足 2 元钱的投资是非常值得的。”

你的回答越自信、越自如，客户就越相信你的产品物有所值。不要担心得罪客户，也不要怕把客户说跑了，你相信你的产品，就要坚定地告诉对方：“我们贵有贵的道理！”

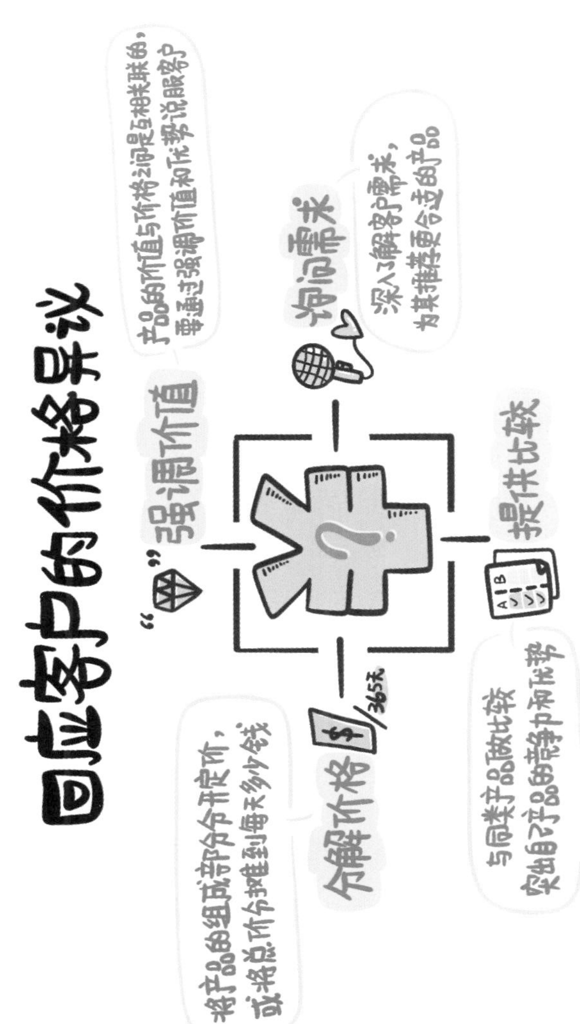
回应客户的价格异议
强调价值
产品的价值与价格之间是互相关联的，
要通过强调价值和优势说服客户
询问需求
深入了解客户需求，
为其推荐更合适的产品
提供比较
与同类产品做比较
突出自己产品的亮点和优势
A B
分解价格
365天
将产品的组成部分分开定价，
或将总价分摊到每天多少钱

怎样应对客户的“考虑一下”

当你详细向客户介绍完产品后，有些客户会说“我要考虑一下”“我再想想”诸如此类的话。其实这些说辞只是借口，并非真正的拒绝理由。

但如果你不了解客户的想法，而是直接回答：“好的，那您考虑好了再联系我。”后面可能就不会再成交了，因为客户会认为你缺乏主动性。既然你都不主动争取，客户当然也没有那么强烈的成交热情了。

要打破客户的“考虑”，你就必须弄清客户考虑的“点”在哪里。所以当客户表示要“考虑一下”时，不要信以为真，而是继续引导客户说出最大的顾虑。

我建议你使用 UID 法则来应对，即 Understand（理解），Inquiry（询问），Defuse（化解）三步走。

第一步，对客户表示理解（Understand）

你可以这样对客户说：

“我理解您的顾虑，您可以慢慢考虑。如果您有任何疑问，或者需要进一步了解，请随时联系我。”

“我很理解您需要时间来权衡各种因素，并与相关人去讨论。如果您对产品的某个功能或价格有任何疑问，我会很乐意为您详细解释。”

第二步，询问客户最大的顾虑（Inquiry）

有些时候，当客户表示要“考虑一下”时，也可能就是不想要了，这时你可以直接询问客户的真实想法。

比如，“我遇到很多客户说考虑考虑，其实就是不想要了。您能告诉我具体原因是什么吗？这样我也能根据您的意见改进和提升。”

或者：“我想了解一下，您现在主要担心产品效果，还是觉得价格不能接受，或者对款式不太满意呢？”

大胆询问客户的顾虑，你就可能知道客户的真实想法，从而寻找化解方法。

第三步，努力化解客户的顾虑（Defuse）

在你的询问下，客户可能会说：“产品挺满意的，就是价格有点超出预算了。”

当了解客户的真实顾虑后，你就可以进一步给出化解措施，如，“公司这个月正好还有两个 VIP 名额，我看您挺喜欢我们这款产品的，也很有诚意，我帮您申请个 VIP 专属折扣，您看这样没问题了吧？”

处理以上异议后，你还可以再进一步说：“如果您没有其他问题，我建议您尽快购买，因为我们的库存有限。”这样可以让客户感受到你的专业和热情。

逼单成交有方法

高手逼单，从不磨叽，主打一个简单、粗暴，直击内心。每个高手在逼单成交的关键时刻，都有一套自己的成交方法和沟通话术。

抓住成交的时机

我发现很多销售人员在向客户推销时都非常努力，

表现也接近完美，但却因为在临门一脚的关键时刻没有把握住成交时机，或者没有注意成交细节而功亏一篑，实属遗憾。

一个优秀的销售人员，经过耐心、细致的沟通后，往往能第一时间识别出客户发出的成交信号，然后抓住成交时机，向着成交的方向引导客户，最终促成交易；反之，缺乏经验或经验不足的销售员，即使面对客户的“暗送秋波”，也仍然“不解风情”，最终与成交擦肩而过。

可见，想实现成交，就必须抓住客户发出的成交信号。一般来说，当客户出现以下表现时，就表明成交的时机已经到来，你要及时把握成交时机，提出成交要求。

○客户眼神中透露出渴望和激动

在你为客户介绍产品或服务时，如果发现客户是喜悦的，或者客户对你的产品和话语有明显兴趣，或者客户眼神中流露出渴望和激动，就说明成交的时机已经到来。

此时，你就要趁热打铁地对客户提出签约要求，比如，“王总，要不我们今天就把它签了吧！”客户如果真心想购买，一般也会顺水推舟，做出成交决定。

○客户开始在意合作之后的事情

当客户开始询问一些关于售后服务等合作之后的问题时，就意味着最佳成交时机已经到来。此时，你可以顺着客户的话题进一步展开，向客户详细阐述关于售后服务的内容，比如，“我们的产品是终身质保，您大可放心。”并且巧妙提出成交，如，“如果您对我们的产品和服务都感觉满意的话，那我们现在是不是可以把合同签了呢？”

○客户开始关注付款问题

如果你发现客户已经将话题引向付款的细节，比如付款方式、付款时间等，都说明客户对成交已经默认了，他其实在向你发出一种信号："我有兴趣与你合作。"此时你应该抓住时机，顺势提出签约成交。

给客户创造一个购买理由

在销售活动中，三流的销售人员会跟客户说很多好话，给客户各种承诺，希望客户能购买自己的产品，却经常不对人家的口味。但是，一流的销售人员根本不需要做这些，仍然能让客户顺利下单。他们是怎么做到的？

很简单，就是给客户创造一个不得不购买的理由。

客户每一次犹豫不决，或者故意找各种理由不愿意成交时，你是否考虑过这是为什么？我给你总结一下，客户其实心里正在思考三个问题：

- 我为什么要买？
- 我为什么要在这里买？
- 我为什么要现在买？

如果客户没有得到满意的答案，就不会产生购买行为。因此，你应该认真分析客户的这三个问题，并给出答案，这些答案就是客户的购买理由。

○找到产品为客户带来的利益点

客户为什么要购买你的产品？

一定是因为你的产品能让客户获得他所需要的利益。当他购买并使用了你的产品后，能获得一定的好处，或者能达到他希望达到的某个更好的生活状态。

举个例子，很多销售人员在给客户推荐产品时，经常会很直白地介绍产品卖点。比如卖汽车坐垫，就直接说“这款坐垫是3D空气微量流动浅槽设计，上面有许多气孔，可以保证空气自由流通，透气性极佳”等。但这些并不能打动客户，客户甚至觉得这些都是唬人的，跟自己没什么关系。

但如果你这样说：“咱们平时开车上班，基本都是跟座位360度无死角亲密接触，臀部很容易感到闷热。如果您爱出汗，夏天还容易患上湿疹、皮炎。咱们这款坐垫采用的3D空气微量流动浅槽设计，能让空气更好地流通，透气性极佳，就像给座椅安装了一个小风扇一样，就算是在40度的高温天气，您也完全不会有闷热潮湿感。”

你看，这是不是就说到了客户的利益点上？客户一听，原来这个产品能给自己带来这么多好处，那就买来试试吧！

○善于用话术塑造产品体验

客户为什么要在你这里买？

一定是因为他们不仅能买到产品，还能买到产品带给他们的美好体验。很多销售人员在介绍产品时，总是习惯罗列一大堆产品的特征和优势，强调这款产品用到什么技术、什么工艺，有什么样的设计和功能等，却一直不提产品能给客户带来什么感受和体验，这就很难调动起客户的购买情绪。

要打动客户，就要善于通过语言塑造出使用产品后的体验。比如，你向客户推荐一款香水，那就不要一直强调这款香水含哪些成分，而应这样说，“这款香水的气味就像雨后森林里小草的味道。”

听你这么一说，客户马上就会“脑补”那种闻起来清新的、舒适的、沁人心脾的味道，购买意愿也会大大提升。

○表达出现在购买能给客户带来的额外价值

你可以回想一下自己的购买行为，当你决定购买某个产品之前，是不是经常有这样的心理，我为什么非要现在买它？好像不买，生活也不会受什么影响。

客户在做出购买行为前，有这种心理是正常的。但你可以再继续回想一下，你在产生犹豫心理时，是如何被打破的呢？

有时可能是商家搞促销，现在不买，以后就没机会了；有时是因为产品限时降价，不买很快会涨价；有时是因为早买早享受……想通这些问题后，你就可以举一反三，表达出此时购买产品可以为客户带来的额外价值。比如，“您现在购买，就可以买二送一。”“今天购买，就可以享受一年的延保。”

总之，想让客户快速下单，你就要让客户产生一个购买的理由和动机，所以在表达时，一定要传达出产品核心卖点的独特性、鲜明性，并能带给客户以精确的利益和好处，让客户产生美好的体验和感觉。客户购买你的产品，一定是因为你的产品对他有用，能满足他的需求，能为他解决问题或带来快乐。销售其实就是这么简单。

逼单成交
3方法
找到产品
为客户带来的
利益点
善于用话术
塑造产品体验
表达出现在购买
能带来的额外价值
延保
xxx

促进成交的十个话术

面对客户，什么时候最揪心？

答案一定是：明明沟通得很好，客户却迟迟不肯下单的时候。

在销售过程中，成交是最重要的一环，前面所有的沟通都是为最后的成交做铺垫。但是，即使客户表现出了成交意向，让客户从自己的口袋里掏钱也很不容易。

下面将要介绍的十个促进成交的话术，既能帮你提高成交率，又能降低客户掏钱的痛苦。

○直接提出成交要求

当你获得客户的成交信号时，可以直接提出成交要求，这样能节省时间，快速促成交易。

要注意的是，提出成交要求不宜操之过急，一定要等客户表达了明确的购买信息时再提出，比如，“李总，如果没有其他问题，我们就签单吧。”并且在客户没回复之前尽量不说话，不要打断客户注意力。否则容易给客户造成压力，破坏成交气氛，失去成交主动权。

○让客户做选择

你可以向客户提出两种解决方案，让客户做选择题。无论客户最终选择哪种，都是你想要达成的结果。

比如，“王总，您想要黄色这款，还是绿色这款？黄色看起来很柔和，但是绿色更清新。”

注意，在让客户做选择时，不要提出两个以上的选择，否则客户更容易犹豫不决。

○利用从众心理

当客户面对自己不熟悉的产品时，很容易持怀疑态度，不敢轻易成交。这时你可以利用人的从众心理，告诉他很多客户都购买了，并且都很认可，以此减轻客户的担心，引导客户成交。

比如，客户看中一款空调，还有些犹豫，你可以这样说：“您真有眼光，这款空调是今年的爆款。最近 3 个月，平均每天都要卖几十台，经常要提前预订才能买到。”如果客户还犹豫，你可以继续说：“有客户反馈说，它制冷效果很好，并且十分省电。”

先说产品畅销，再拿买过的客户举例强化，就会让客户更确信这款产品是很值得买的，从而促使他更快下单。

○适当做出让步

你可以通过提供优惠条件，促使客户快速做出购买决定。

比如，“高先生，在我的权限内，我可以给到您这样的优惠。不过您是老客户，我再向经理申请一下，给您一些额外优惠。但我们的优惠名额很少，我只能尽力而为。”

需要注意的是，做出让步时一定要让客户产生“独特感”和“唯一感”，让客户感觉这种优惠只给他一人。并且优惠要适度，否则客户“狮子大开口”，你无法满足，反而会造成流单。

○提前打预防针

在客户提出要求前，先为客户确定好结果、打好预防针，同时对客户进行认同和赞赏，促使客户按照自己的想法做。

比如，你是一名销售经理，要说服客户订购你公司的产品，那么在跟客户沟通具体问题之前，就可以先这样说：“我们这款产品采用的是全不锈钢内胆，而且是上海宝钢特别定制生产的，所以对比塑料内胆而言，价格可能会贵一些。”

这样提前打好预防针，客户看到产品，就不太容易以“价格太贵”作为反对理由，反而可能不断加深印象：不锈钢材质、定制产品、质量过硬。

○激将成交

我曾看到这样一则故事：一对颇有名望的香港夫妇去大商场购买首饰，看中了一对定价 9 万多元的翡翠戒指，只是感觉价格昂贵而犹豫不决。这时，销售人员走过来说：“您两位真有眼光！东南亚某国的总统夫人来这里也曾看过这对戒指，而且非常喜欢，但由于价格太高没有买。”经销售员这么当众一激，这对香港夫妇很快便买下了这对戒指，因为他们想让自己显得比总统夫人更有实力。

这就是利用激将法促进成交。但在激将客户时，一定要显得平静、自然，以免对方看出你在故意“激”他。

○惜失成交法

越是得不到的东西，人们就越想得到他，生怕自己得不到，被别人占了便宜，这是人性的弱点。利用这种弱点，你也可以逼单成交。

利用这种方法成交主要关注“四限”——限时间、限数量、限价格、限服务。

比如，你可以这样对客户说："我们这款产品只有 50 单，并且这个价格只卖三天，还会同时赠送一个小套装。先到先得，售完后就不再补货了。"

当然，这种成交法不能随便无中生有，否则很容易失去客户。

○允许先行试用

客户想购买你的产品，又下不了决心，你千万不要一直逼他下单，可以建议客户先少量购买，试用一下。只要你对自己的产品有信心，客户试用后就会继续找你购买。

但是，运用这种方法时你不能直接说"既然您不想购买全套产品，就先买点试用吧"，而应该这样说，"我强烈建议您购买整套产品，但如果您实在担心质量，可以少购买一些试用，用得好再买整套。我很理解您，这两种方式您可以选一种。"

这种话术会让客户更舒服，也更容易接受。

○步步紧逼也无妨

如果客户一直说"我再考虑一下""我再跟家人商量商量""过几天再说"你可以这样跟客户沟通，"我很理解您，买东西就应该像您这样慎重，多花些时间对比一下，看来您对这个产品很感兴趣，不然您也不会花这么多时间考虑。”

客户一旦认同了你的观点，接下来你就可以逼问一句：“出于好奇心，我很想知道您主要担心的是什么？是产品价格，还是我们公司的信誉度呢？”

如果客户说：“不是，你们公司信誉度很好。”

你还可以再追问：“那是采购成本上有压力吗？”

通过这样步步紧逼，不断发问，最终弄清客户的真正顾虑。你只需要解决客户的顾虑，也能顺利实现成交。

○虚心向客户请教

跟客户沟通半天，客户都无动于衷，这时你可以换个思路，不再向客户推销，而是虚心地向客户请教：“我很肯定这款产品能给您带来价值，可惜我表达力一般，没法让您感受到产品的真正价值，要是我表达得再形象些就好了。但我现在想麻烦您给我提议一下，我表达的哪些方面需要改进？”

这时客户很可能会向你提出一些不满意或不信任的地方，你听完后先表示认同和虚心接受，再根据客户的问题继续解说，消除客户的疑惑，并再次向客户提出成交要求。

本章要点小结

利用痛点说服客户的方法

抓住客户痛点，你就能说服客户成交。利用痛点的方法主要有三个环节：

诊断痛点，通过引导提问、观察客户的言谈举止等方式，捕捉到客户的痛点；

通过对比凸显产品差异，并提炼自己产品的差异优势，说服客户成交；

将产品能带给客户的差异价值、收益展示出来，或让客户亲身体验后自己得出结论，证明客户购买你的产品所获得的收益。

注意产品介绍的五个流程：介绍产品特性、展示产品优势、找出带给客户的利益、提供相关证据、对客户反问。

应对客户的不互动，可以进行有效提问，即重复性提问、指向性提问、细节性提问、损害性提问和结论性提问。

如何处理客户的异议

客户异议是指来自客户的反面看法或抵触信息，表示不赞同、质疑甚至拒绝购买的言行。

客户异议一般包括个人异议和产品异议。当客户对价格提出异议时，你在回答时不要躲躲闪闪，而是从强调产品价值、询问客户需求、提供产品比较、分解产品价格等几个方面，化解客户异议。

当客户说要“考虑一下”时，可以运用UID法则来应对，即Understand（理解），Inquiry（询问），Defuse（化解）三步走。

逼单成交有方法

逼单要抓住成交的时机，一般客户眼神中透露出渴望和激动，或者开始在意合作之后的事情，或者开始关注付款问题，表明成交时机已经到来。

要想快速成交，就要为用户创造一个购买理由，可从三个方面入手：找到产品为客户带来的利益点，善于用话术塑造产品体验，表达出现在购买能给客户带来的额外价值。

促进成交的十个常见话术：

- 直接向客户提出成交要求，快速促成交易；
- 给客户两种解决方案，让客户自己做选择；
- 利用从众心理，减轻客户担心的风险，引导成交；
- 适当给出优惠条件，促使客户快速做出购买决定；
- 提前为客户确定好结果、打好预防针，防止客户提出更多异议；
- 利用激将法，促使客户主动成交；
- 利用客户担心得不到的心理，逼单成交。这种方法要关注“四限”，即限时间、限数量、限价格、限服务；
- 允许客户先试用，试用满意后再购买；
- 步步紧逼，不断发问，弄清客户的真正顾虑，继而解决客户顾虑，实现成交；
- 虚心向客户请教，弄清不满意或不信任你的地方，再给出解决方案，促成成交。

第七章

热情亲和好服务——如何与窗口顾客沟通

窗口服务质量的好坏直接影响到机关单位在顾客心目中的形象。作为一名合格的窗口服务工作人员，除了具备服务意识、乐于助人的品质、爱岗敬业的精神和相关的业务能力外，在日常的窗口服务中还应做到热情、亲和，善于沟通。

遵循本职的沟通规范

要成为一名优秀的窗口工作服务人员，首先要做到的就是遵循本职的沟通规范，其次还要有过硬的业务工作能力和平稳的心态，能够有耐心、有方法、有亲和力地与顾客做好沟通。

了解情况要耐心

作为服务人员，与顾客初次接触时，你就要展现出足够耐心、专业和可靠的形象。尤其在了解顾客遇到的问题和情况时，更要耐心倾听、细心询问，专注于顾客所说的每一个字、每一句话，理解他们的观点、感受和需求。

在我看来，窗口服务人员面对顾客时，应该遵循下面三个原则：

○情绪轻松

你要认识到，顾客有问题才来窗口办理业务，因此问题和异议必然存在。听到顾客的问题或异议后，你要保持冷静，情绪轻松，不能过于紧张，更不能动怒，而且必须笑脸相迎，并积极了解顾客提出的问题或异议中的重点、要点。

一般来说，你可以采用以下话术：

- “很高兴为您服务，请问您要办理什么业务呢？”
- “很高兴您能提出意见，我会尽快把这种情况反映给领导。”
- “非常感谢您为我们提出的意见，我们一定积极采纳。”
- “您的观察很敏锐，谢谢您为我们提出的宝贵意见。”

○认真倾听

听到顾客的问题或异议后，你应该对他们的意见表示真诚的欢迎，并专注地倾听，千万不要打断或加以干扰。如果你想提出相反意见，也一定要等顾客表达完，并且表示对对方意见的尊重和认同之后，再提出自己的意见，顾客才更容易接受。

比如，顾客反映你们办理业务的速度太慢，你就要这样回应："我很理解您的心情，您等了这么长时间，一定很着急。今天的顾客有点多，我们办理的业务也比较多，所以让您久等了，很抱歉，我这边尽量加快速度。"

听你这么说，顾客也就不好再说什么了，也会继续耐心等待。

○重述问题

听完顾客反映的问题或意见后，你可以重述一下其所提出的问题或意见，表示你已经了解。必要时，你还可以询问顾客，你的重述是否正确，并选择其中若干部分予以认可和诚恳的赞同。

永远保持亲和力

保持良好的亲和力，是做好窗口服务工作的必然要素。

怎么保持亲和力呢？

最重要的一点，就是要保持一个亲切积极的状态，表达时运用具有亲和力的话语，让人通过你的状态和话语感受到你亲切、热情的服务。

以下两种服务场景，你应该都不陌生。

场景一：用户对手机宽带的某款套餐不认可，抱怨手机仍然有套餐费。

客服代表应答："您手机就算是放着不动，19 元也是会收的啊！"

"您知道咱们这边包年的宽带费一年是多少钱吗？您这个已经很便宜了！"

场景二：用户对手机某款套餐价格无法降低和过户的规则不认可。

客服代表应答："非常抱歉会出现这样的情况，确实给您带来了不愉快的体验。我先冒昧地问一下，您是出于什么原因想要降低套餐呢？您这个号码的套餐目前已经很优惠了，流量畅享，语音通话也有500分钟呢！”

用户仍然对协议期两年到期后不能降低套餐感到不满。

客服代表再次应答：“对，您是我们的老用户了，还会出现这种情况，确实感到不好意思，我们也会努力提高服务，让您满意。但您现在这个套餐的确很优惠，以后如果有用户想办理可能都办不了呢，建议您继续使用。”

两位客服代表的回应核心虽然都差不多，但服务态度却截然不同，用户感受也会不同。第二位客服代表的服务更有耐心和亲和力，给用户的感受也更舒服。哪怕用户最后仍然没能达成目的，心里也不会对客服代表产生不满情绪。

用好服务语，沟通更顺畅

窗口服务人员在跟顾客沟通时，需要掌握一定的语言技巧，并且用好服务语，如“您好”“对不起”“不好意思”“请您稍等”……尤其面对不同性格的顾客，更要善于运用恰当的沟通方法。

○遇到性急的顾客，应语言简洁、动作爽快

有时顾客性情较急，人还未到窗口，话就先到了。面对这类顾客，你不论说话还是行动都要爽快利落。如果顾客办理的业务比较复杂，你要提前向对方说明情况，比如，“不好意思，先生，您的业务办理有些烦琐，请您稍微多等一会儿。”以此让对方了解情况，获得对方理解，以免引起对方的焦急情绪。

○遇到话比较多的顾客，应梳理清楚、解答到位

有些顾客在窗口办理业务时话比较多，不但语速快，咨询的问题还一个接着一个。面对这类顾客，你要认真倾听对方的话，尽量不要插话和打断对方。等对方表达完后，你再提炼对方话语中的核心内容复述一遍，并与对方确认，如，“女士，您说的是这个意思吗？”“女士，我现在为您解答一下您的问题，麻烦您听一下。”解答时也要尽可能做到简明、清晰、到位。

○面对情绪不好的顾客，应以柔克刚、言语温和

有些顾客情绪不好，容易被激怒，这时你要管理好自己的情绪，做到冷静、耐心。有的顾客情绪激动时可能会说出一些过激的语言，此时你最好保持沉默，或者

表示对对方的理解，如，“我很理解您的焦急情绪，我会尽可能帮您办好，请您耐心等一下。”切勿与对方发生言语冲突，导致事态升级，造成更加不利的后果。

特殊情况如何沟通

出色的服务可以赢得顾客的信任和肯定，但每个顾客都有自己的独特需求和期望。作为服务人员，你不但要做好自己的本职服务工作，还要善于处理和沟通各种特殊情况。

化解冲突的沟通步骤

在服务顾客时，服务人员经常会遭遇一些冲突、矛盾等，一旦沟通不好，就可能激化矛盾，让事情变得更糟。

我总结了一套化解冲突的沟通法则，这套法则可以总结为五个字：听、思、说、控、动。其中，每个字代表一个步骤，下面我就分享给大家。

第一步：听

在大部分人看来，只要开始“说”，就默认彼此已经开始沟通了。至于对方有没有听、是否听懂，自己并不关心，也很少会主动核实听到的信息是否准确、完整。但是，如果你无法听清或听懂对方表达的意思，甚至听不全对方提供的信息，那是绝不可能开展有效沟通的。

倾听才是沟通的开始。不论顾客向你反映问题，还是情绪激动地向你倾诉什么，你首先要做的都是耐心倾听——听清对方的话，听懂对方真正要表达的核心内容。

第二步：思

发生冲突时，对方一般不会直接表示“我很生气”“我很焦虑”，而是把情绪隐藏在话语里。所以在倾听时，你需要把对方话语中隐藏的情绪识别出来，分清哪些是事实，哪些是顾客的期待。

第三步：说

“说”分为两点，即提问和表达。但不管是提问还是表达，你都要准确地理解对方的观点，并带着同理心做出回应；或者根据对方的实际情况表达自己的观点。在表达时，确保做到清晰、具体，并避免使用攻击性的语言。

要注意的是，在你表达的时候，要少说“你”，多说“我们”，以减少顾客的防御心理，让顾客觉得你和他是站在同一战线，一起解决问题的。

第四步：控

即掌握沟通的主动权，尝试提出创意或解决方案，以满足对方的要求。在沟通时，要把“我的目标”转化为“我们的方案”。这一步有个标准句式，即“我们有一个目标要达成，对此，我有一个方案。”

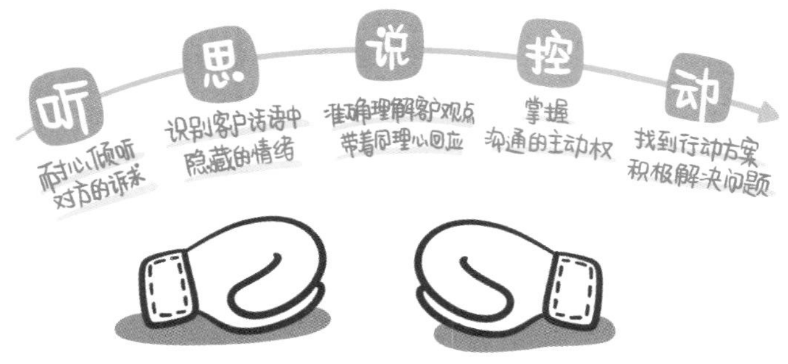

第五步：动

即达成共识后，及时找到可执行的最小化行动，并拆解可持续的行动阶梯，同时不断反馈，及时调整，以便高效地化解冲突，解决顾客的问题。

遇到不友善的沟通，如何处理

在服务顾客的过程中，总是会遇到一些不友善的沟通，此时你既不能跟对方硬碰硬，又不能对对方的问题坐视不理。你必须给出回应，但回应也要有技巧，这样才能有效化解对方的不友善。

那要如何化解这种不友善的沟通呢？

我要送给你四种方法，也叫四换法，即换说法，换时间，换场合，换角色。

○换说法

即将顾客不友好的话语换一种说法表达出来。

比如，顾客对你说：“你们办业务的效率太低了，要让人等这么长时间！”

显然，顾客不满等待时间过长，已经表现出了不友好的沟通态度，但你又不能拒绝给对方办业务，所以只能换种说法，如，“不好意思，的确让您久等了。我现在尽快帮您办理，希望能在您接受的时间内办完。”

○换时间

即调整与顾客沟通的时间，另找时间解决对方的问题。

比如，顾客因为一些问题跟你争吵起来，眼看就要发生冲突了，这时你可以说："不好意思，我希望您能让我先把手头的工作处理完，我们约下午 2 点来对接您的问题，可以吗？"

这样一方面可以缓解对方的情绪，让双方都冷静下来，另一方面也可以让你有时间思考如何更好地为顾客解决问题，达成顾客的需求。

○换场合

顾客的沟通不友善时，如果与对方当众争辩，不但不利于问题的解决，还可能激化矛盾。这时，你就可以用提出换场合进行沟通，比如，"我们换个地方沟通吧，请您到我的办公室可以吗？"

这就相当于将矛盾降级了，当你跟对方私下沟通时，往往也更容易敞开心扉，理性地对待问题，寻找更好的解决方案。

○换角色

即对于自己不确定或不愿意回答的问题，交给别人替你回答和判断。

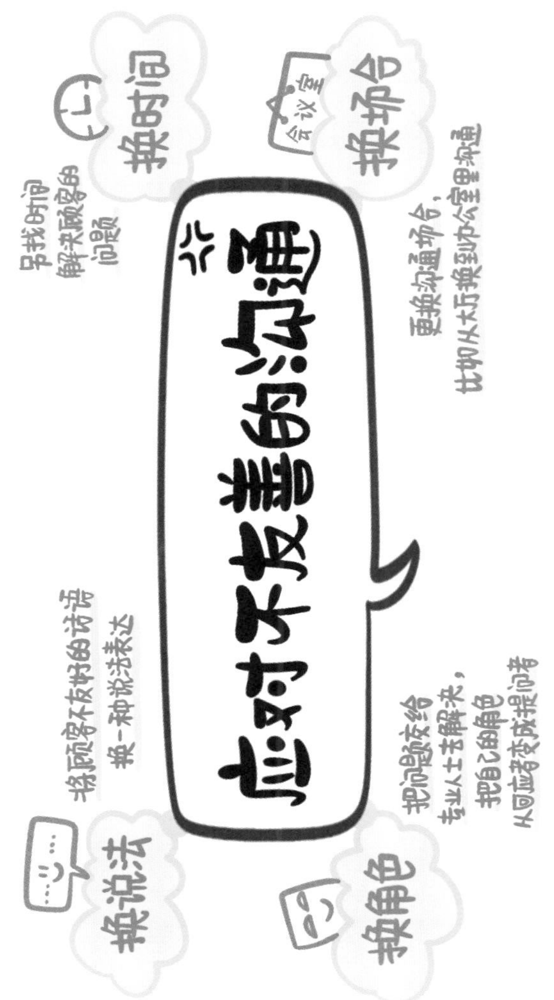
应对不友善的沟通
换时间
另找时间解决顾客的问题
换场合
会议室
更换沟通场合，比如从大厅换到办公室里沟通
换说法
将顾客不友好的话语换一种说法表达
换角色
把问题交给专业人士去解决，把自己的角色从回应者变成提问者

比如，顾客跟你提出一个比较专业的问题，你根据自己的理解回答后，顾客明显不满意，甚至质疑你的工作能力。这时你就可以说："您这个问题太重要了，我请我们的技术部同事跟您说一说吧！"等同事说完后，你再跟顾客说："技术部同事讲的内容比较专业，我不知道他说清楚没有？"

这样一来，你就把"球"传了出去，角色也从回应者变成了提问者。

掌握以上四种"换"法，不论顾客说什么不友善的话，你基本都可以做出得体回应。

顾客要找领导投诉，如何处理

作为服务人员，我相信不少人有过被顾客要找领导投诉的遭遇。顾客的每一个简单投诉都可能引发一场公关危机，处理不好，还容易让投诉升级。

实际上，升级的投诉往往不是因为业务本身，而是因为解决问题的流程不合理，或者顾客情绪没有得到很好的安抚，时间被一拖再拖，才导致投诉升级。

如何处理顾客的投诉呢？

我总结了一下，把这个问题的解决方法分为三步走：

第一步：安抚情绪

顾客找领导投诉无非三种心理：求发泄心理、求尊重心理、求补偿心理。不论哪种心理，安抚情绪都是首要前提。此时顾客大多表现为情绪激动、言辞激烈，甚至咄咄逼人、口不择言。这时，如果你与顾客硬碰硬并不合适，或者否定客户的情绪，如对客户说：“你有本事就去投诉，我才不怕！”“你这就是无理取闹！”“你不了解情况就投诉，是完全没道理的！”这些应答只会让顾客更加不满，甚至还会与顾客形成对立关系。

此时，耐心安抚对方的情绪才是最重要的。你可以试着站在顾客的角度，对对方的情绪表示理解，并适当给予安抚，如，“我很理解您的心情，换成是我，我可能也会这么做。”“很抱歉让您感到不满，我们一定会不断优化服务质量。”

只有当顾客情绪稳定下来，你再为对方提供切实可行的解决方案，一切才会变得容易。

第二步：解决问题

在顾客的情绪得到有效缓解后，接下来就要与顾客总结分析他投诉的问题以及他的诉求，对其投诉问题的起因和整个过程进行有效解释，对顾客有误解的地方要予以澄清，消除误解。在双方建立信任的基础上，再对其投诉的问题给出可行的解决方案，使顾客逐渐打消进一步投诉的念头。

在提供解决方案时，你要充分考虑顾客的需求，把可能拒绝的原因和理由都考虑进来，提供一个或多个替补方案让顾客来选择，让顾客感受到自己的问题被重视，以及你积极处理问题的态度。

第三步：总结分析

投诉处理完后，并不意味着结束，这时还要分析总结，即分析顾客投诉的原因和问题所在。对于自身的问题，要通过采取规范服务语言、提高沟通技巧、减少操作差错等措施，不断提升自己的服务水平和服务效率，努力减少顾客投诉率。

总之，面对顾客要找领导投诉的态势，你的心态要稳住，并且积极向顾客传达出这样的意思：如果在你的处理范围内，你会尽最大努力为对方解决；如果不在你的处理范围内，你会帮助对方上报解决。很多顾客想要投诉并非针对你，只要找出问题并解决问题，他们的不满情绪也就消除了。

本章要点小结

遵循本职的沟通规范

窗口工作服务人员要遵循本职的沟通规范，从三个方面积极努力：

了解顾客情况要耐心，展现出足够专业、可靠的形象；

保持良好的亲和力，是做好窗口服务工作的必然要素；

用好服务用语，尤其面对不同性格的顾客，更要学会恰当沟通。

特殊情况如何沟通

窗口服务经常遇到各种特殊情况，其中最重要的就是与顾客发生冲突、遇到不友好的沟通和顾客要找领导投诉。不同情况要运用不同的处理方法。

化解冲突的沟通分为五步走，即听、思、说、控、动。

遇到不友善的沟通，要学会运用四换法，即换说法、换时间、换场合、换角色。

遇到顾客要找领导投诉，可以分三步解决：安抚顾客情绪；为顾客提供切实可行的解决方案；分析顾客投诉的原因和问题所在，积极改进，减少投诉情况的发生。